시천주 侍天主
봉태을 奉太乙

시천주 봉태을

초판 1쇄 발행 2021년 10월 24일

지은이 진산 이훈오
펴낸이 장길수
펴낸곳 지식과감성#
출판등록 제2012-000081호

교정 김혜련
디자인 조인경
편집 김한솔
검수 정은지, 윤혜성
마케팅 고은빛, 정연우

주소 서울시 금천구 벚꽃로298 대륭포스트타워6차 1212호
전화 070-4651-3730~4
팩스 070-4325-7006
이메일 ksbookup@naver.com
홈페이지 www.knsbookup.com

ISBN 979-11-392-0144-4(03290)
값 15,000원

• 이 책의 판권은 지은이와 지식과감성#에 있습니다.
• 이 책 내용의 전부 또는 일부를 재사용하려면 반드시 양측의 서면 동의를 받아야 합니다.
• 잘못된 책은 구입하신 곳에서 바꾸어 드립니다.

지식과감성#
홈페이지 바로가기

翡鳳

시천주는 이미 행세되었으니
태을주를 쓰라

진산 이훈오

시천주 侍天主
봉태을 奉太乙

차례

발간사 8
축사 10

1장
최후심판
병란병란

1 한반도 씨름판과 천하대세	30
2 천벌이 내린다	32
3 남북변란에 살 길을 찾아라	34
4 인류 최후의 육적 전쟁과 영적 전쟁	36
5 태을개벽의 새 역사가 시작된다	38
6 하늘문과 신세계	40
7 삼계를 주도하는 중심의 사람들	42
8 태을에서 태을로	46
9 인류절멸 생사의 변곡점	48
10 대한민국 구세주	50
11 태을주의 선포, 민주주의와 공산주의 종말	52
12 꿈같은 내일이 온다	55
13 천하동변의 판갈이	57
14 온 나라가 뒤집어진다	59
15 천하동변의 비상사태	62

2장
북사도 전란
남군산 병겁

1 재생신과 원시반본	66
2 개신교와 공산주의 그리고 태을도	69
3 전란도수 병겁도수	72
4 삼팔선이 무너진다	74
5 신병이 움직인다	77
6 한반도의 대격변, 태을문이 열린다	79
7 전라도가 뒤집힌다	81
8 지금은 태을시대, 한반도 급변사태	83
9 통일시대 통일주역	86
10 평양전란 군산병겁	88
11 금강산 겁살과 북학주 삼대	90
12 코로나 창궐, 급살병 폭발	92
13 통일시대 더 큰 정치	94
14 기독교 지상천국과 현대문명의 대재앙	96
15 한미동맹 의통준비	98

3장
시천주 봉태을

1 옥경의 비밀	102
2 훔치훔치, 태을세상이 열린다	104
3 시봉侍奉의 참역사가 복원된 태을세상	106
4 신령과 기화	108
5 태을도의 두 기둥	111
6 인간의 참모습	113
7 오만 년 만에 새 사람이 나온다	115
8 천지부모님과 일만이천 시봉자	118
9 증산신앙의 화룡점정	120
10 시천주 속육임, 심통공부 심통제자	122
11 상씨름꾼의 자격	124
12 남북통일의 도, 남북통일의 주역	128
13 진리의 불빛, 진리의 도향	131
14 인중태을人中太乙의 새 진리 새 인간	133
15 천하동란의 난세가 태을도인을 부른다	136

4장
태을도 방방곡곡
태을주 방방곡곡

1 태을이 명줄이다	142
2 태을씨앗 태을열매	144
3 현대문명의 종말과 태을문명의 개막	146
4 기독문명의 참화, 태을도가 막는다	147
5 원시반본 태을도, 만법귀일 태을도	150
6 남조선사람 태을도인	153
7 강증산과 태을주	154
8 태을주 의통주	156
9 도제천하의 유일한 길, 강증산과 태을도	158
10 태을도 태을정신 태을도인	160
11 강증산과 무극대도	163
12 강증산과 판밖의 진법	165
13 태을도인 출세와 태을주 수꾸지	167
14 방방곡곡 태을주, 가가시시 태을주	170
15 지심대도술의 인연, 태을도	173

5장
재생신
재생신

1 재생신과 원시반본	176
2 내가 준비되지 않으면	178
3 사랑과 용서의 순간에 깨달음이 찾아온다	181
4 나의 너, 너의 나	184
5 진정한 태을도인이란	186

발간사

태을도인들의 외침에 깨어나라

천지의 소식을 먼저 알고 외치는 사람들이 있습니다. 그 사람들을 선통자라고 합니다. 크게 외치든 작게 외치든, 외치는 선통자가 있어야 세상에 알려집니다. 선통자 태을도인들입니다. 남북에서 마주 터지는 북사도 전란과 남군산 병겁에, 태을도 방방곡곡 태을주 방방곡곡이라고 태을도인들이 외치고 있습니다.

깊은 잠에 빠지면 쉽게 일어나지 못합니다. 물질문명의 홍수 속에서 이곳에 찌들어 살다 보니 영적인 신령함이 사라졌습니다. 인간은 본래 태을도를 닦아 시천주 봉태을 하는 신령스러운 존재였습니다. 태을도를 닦으며 천주님을 모시고 태을을 받드는 태을도인이었습니다. 독기와 살기가 그 길을 막았습니다.

세상이 막 일러주는 가운데, 북사도 전란과 남군산 병겁으로 질주하고 있습니다. 상씨름꾼 나오라고 소리치고 있습니다. 태을도인들의 외침에 마음을 열어야 합니다. 태을도인들의 외침에 눈을 떠야 합니다. 태을도인들의 외침에 귀를 기울여야 합니다. 태을도인들의 외침에 깨어 생사의 문턱을 넘어가야 합니다.

유비무환 무비유환입니다. 제대로 된 국가라면 안보의 위협이 1%의 가능성만 있어도 대비합니다. 제대로 된 국민이라면 안보의 위협이 1%의 가능성만 있어도 준비합니다. 미중 패권경쟁과 코로나19 창궐로 전 세계가 혼란스럽습니다. 북사도 전란과 남군산 병겁은 100% 현실화될 절체절명의 안보위협입니다.

죽을 목숨을 살려주는 은혜만큼 큰 은혜도 없습니다. 죽을 사람을 살려내는 공덕만큼 큰 공덕도 없습니다. 죽을 길을 살 길로 인도하는 일만큼 큰일도 없습니다. 본 책자를 읽고 태을도를 받아들여, 북사도 전란과 남군산 병겁에서 가족을 살리고 이웃을 구하는 큰 인연이 맺어지시기를 간절히 축원합니다.

대시大時 6년 음력 7월 15일
천원天元 121년 음력 7월 15일
서기西紀 2021년 양력 8월 22일

용봉서실龍鳳書室에서
진산珍山 이훈오李勳午

축사

태을도가 『시천주 봉태을』을 말하다

　단주수명자가 천지부모님으로부터 이심전심의 천명을 받은 지 어느덧 27년째, 태을도를 펴온 지 24년째, 대시국을 선포한 지 6년째인 올해, 작년 설에 펴낸 『태을도와 대시국』에 이어 그동안 일관되게 주창해왔던 『시천주 봉태을』을 마침내 책으로 세상에 내놓습니다.

　'시천주 봉태을'은 날 그대로 천주를 모시고 태을을 받든다는 뜻입니다.

　천주는 누구일까요? 인간의 몸으로 이 땅에 오셔서 인간완성의 전범이 되시고, 천지공사와 신정공사로 틀림없이 지상에 후천이 열리도록 설계하고 감리하신 강증산 상제님과 고판례 후비님이 바로 천주십니다.

　아버지하느님과 어머니하느님으로서 징음징양의 짝을 이루는 두 분을 태을도에서는 천지부모님으로 모십니다. 천지부모님으로 모신다는 것은 지극한 공경심으로 두 분을 하느님으로 믿는 것이며, 우리 스스로를 두 분의 진리의 자식, 즉 도자道子로 선언하는 것이며, 따라서 두 분의 정신과 마음을 그대로 따르고 닮아서 실제로 이루겠다는 각오까지 포함하는 것입니다.

이것이 '시천주侍天主'이며, 시천주의 주문이 바로 '시천주侍天呪'입니다.

태을은 생명과 존재의 근원이며 진리의 실체입니다. 근원이기에 드러나지 않을 뿐, 우리의 마음처럼 실제로 존재합니다. 모든 인간생명, 인간존재가 비롯된 태을 자리입니다. 그러므로 모든 인간은 마음속 깊이 태을을 갖고 있습니다. 모든 인간은 원래 태을도인인 것입니다. 인간이 온전한 진리인간으로 완성되기 위해서 반드시 깨쳐야 하고, 마음을 닦아서 태을광명을 드러내야 하는 이유입니다. 그래서 태을은 하늘 으뜸가는 임금, 즉 천상원군天上元君의 위격을 가지고, 진리로 완성된 인존시대의 인간들에 의해 널리 칭송되고 받들어지게 됩니다.

이것이 '봉태을奉太乙'이며, 봉태을의 주문이 바로 '태을주太乙呪'입니다.

생명은 사랑으로 잉태되고 사랑으로 길러집니다. 사랑받지 못하는 사람은 자신의 진정한 존재 이유를 찾지 못합니다. 사랑받지 못한 사람은 자신을 사랑하기도, 남을 사랑하기도 어렵습니다. 이런 사람은 세속적인 성공 여부와 상관없이 자존감도 낮습니다. 그러므로 모든 생명과 존재는 사랑을 절실히 필요로 합니다. 생명이 비롯되는 태을은 사랑 그 자체입니다.

하느님은 태을의 사랑으로 만물을 주재합니다. 인격체의 사랑 중에 하느님의 사랑만큼 큰 사랑은 없습니다. 하느님은 태을의 사랑으로 삼라만상을 다 품기 때문입니다. 하느님을 모시고 하느님의 마음씀을 닮아 실천하려는 시천주이기에, 시천주의 본질도 사랑입니다.

『태을도와 대시국』에 이어 『시천주 봉태을』이 세상에 나왔습니다. 상생의 세계일가를 이루기 위해 사랑으로 태을을 밝히고, 사랑으로 하느님을 증거할 때가 되었습니다. 사랑이 너무나 부족한 지금, 생명과 존재가 영속하기 위해 오히려 사랑이 절실히 필요합니다.

급살병은, 극즉반의 원리에 의해 충만한 사랑이 세상을 가득 채우면서 발생합니다. 강력한 사랑의 태을기운이 한꺼번에 천지에 가득 차, 사랑이 없는 상극의 사람이 도저히 감당하지 못해 죽는 질병이 급살병입니다. 지금부터라도 시천주와 태을주를 읽으며, 하느님의 사랑이자 태을의 사랑으로 자기 자신을 채워야 합니다. 매 순간 사랑을 실천해야 합니다.

하느님의 사랑과 태을의 사랑으로 나를 살리고 남을 살려 진정한 세계일가를 이루는 태을도 태평천하의 태을도인으로, 여러분을 모십니다.

대시大時 6년 음력 7월 21일
천원天元 121년 음력 7월 21일
서기西紀 2021년 양력 8월 28일

용봉서실龍鳳書室에서
태을도인太乙道人 새달

축사

하느님의 깨달음은 태을이다

　봄에 피어났던 어린 새싹이 푸른 잎으로 변화하고 꽃으로 만개하더니, 가을이 되어 작은 열매로 맺혔습니다. 생명은 시간의 흐름을 따라서 형상을 끊임없이 변화시키며 종국에는 자신이 출발한 모습으로 되돌아갑니다. 생장염장으로 순환하는 우주 일원의 시운이 바야흐로 가을철로 접어들고 있습니다. 우주의 가을을 맞이하여 인간은 자신의 원래 모습을 찾을 준비를 해야 합니다. 인간의 본래 모습을 찾아 그것으로 결실하는 것이 인간의 숙명입니다.

　인간의 품성의 근원은 하느님입니다. 근본적으로 인간은 하느님의 자식이기에, 인간의 본래 마음은 천주님의 그것과 같습니다. 인간으로 오신 하느님이신 증산상제님을 영접하여 가르침을 받고 그 가르침대로 실행하면, 인간의 마음에 내재되어 있는 천주의 품성을 밝힐 수 있습니다. 천주의 품성이라야 원한과 척이 쌓이지 않고 우주 만물을 포용하여 상생할 수 있습니다.

　하느님의 깨달음은 태을입니다. 천주께서는 태을을 깨달아 태을의 권능으로 천지인 삼계를 주재하십니다. 생명과 진리의 근원은 태을이기에, 인간의 생명도 태을로부터 비롯되었습니다. 증산상제님의 가르침을 따라서 일심으로 마음 닦고 태을주를 읽으면, 모든 인간이 증산상제님처럼 인간다운 인간이 되고 태을 조화권능을 행사할 수 있습니다. 천주이신 증산상제님은 인간으로서 천주의 품성을 밝히고 태을을 깨달은 최초의 태을도인입니다.

　우주의 하추교차기에는 천지가 개벽하고, 인간세상에는 전란과 급살병이 발발합니다. 장차 닥쳐올 한반도의 북사도 전란과 남군산 병겁이 그것입니다. 이러한 병란병란에서 살아남는 방법은 천주의 마음을 닦고 천주의 깨달음을 추구하는 것입니다. 즉 시천주 봉태을 하는 태을도인의 길을 닦는 것입니다. 태을도를 통해 시천주 봉태을의 마음과 깨침이 전해지고 있습니다.

　『시천주 봉태을』의 발간을 축하드리며, 이 책이 길잡이가 되어 많은 선량한 인연들이 태을도인의 길로 인도되시길 축원합니다.

대시大時 6년 음력 7월 21일
천원天元 121년 음력 7월 21일
서기西紀 2021년 양력 8월 28일

인천법소仁川法所에서
태을도인太乙道人 충덕忠德

축사

마음이 관건, 시선이 중심, 태을이 핵심

태을도 대종장님께서 올해(1995)년에 천지부모님으로부터 천명을 받으셨습니다. "내 마음이 네 마음이고 네 마음이 내 마음이니라. 곧 내가 너 되고 네가 나 되는 일이니, 널리 심법을 전하라." 하셨습니다. 이것은 천지부모님께서 단주수명자인 이훈오 대종장님에게 진법을 내려주신 것입니다. 이 말씀을 통해 우리는 마음이 무엇인가를 생각해, 이훈오 대종장님의 마음과 천시부모님의 마음을 찾고 이해하는 것이 제일 관건일 것입니다.

천지의 이치도, 사람의 인생도, 생生·장長·성成으로 성장하는 것입니다. 종교도 마찬가지입니다. 생·장·성의 삼변三變 성도成道로 이루어지게 되어 있습니다. 아이가 태어나면 부모로부터 젖을 받아먹고 보살핌을 받습니다. 신앙 또한 천지부모님을 처음 만나게 되면, 대개 나 잘되고 내 가정이 잘되게 비는 기복신앙으로 시작하게 됩니다. 그리고 그 신앙이 자라서 청소년기가 되면, 천지부모님의 밑에서 진리를 탐구하며 내 가치관이 정립되며 기복신앙과 진리의 신앙을 하게 됩니다. 마지막으로 성인이 되고 나면, 나 또한 홀로서기를 하여 나를 키워주신 부모님의 뜻을 받들어 한 가정의 가장으로 성숙된 삶을 살아가게 됩니다.

신앙을 한다고 할 때, 기독교의 경우 천국을 가기 위해 기도하는 기복신앙은 어린아이의 신앙이며, 성숙한 신앙은 나 또한 예수가 되어 예수의 삶을 살아가는 것입니다. 불교 또한, 부처에게 비는 기복신앙을 시작으로, 마지막 성숙의 단계는 내가 부처가 되어 중생을 교화하는 것입니다.

천지부모님을 처음 만나 기복신앙으로 시작한 우리에게 생·장·성의 삼변 성도의 이치로 이제 진실한 진법이 태을도 대종장님을 통해 이심전심으로 전해졌습니다. 이심전심의 후천은 상생의 세상입니다. 지심대도술의 시대입니다. 나의 마음을 닦아 천지부모님의 마음을 알고 찾아가는 것이 시천侍天인 것입니다. 선천의 모든 성공은 금수대도술이었습니다. 선천의 역사를 가지고는 후천 선경세상을 만들 수가 없습니다. 아직 어린 상극의 옹패술이기 때문입니다.

천지부모님께서는 천지공사와 신정공사를 통해 지금의 세상을 만들어 놓으셨습니다. 평천하는 상제님께서 하신다고 하셨습니다. 상제님의 천지공사를 통해 지금의 세계가 이루어진 것입니다. 선천 말대에는 이렇게 흘러가라고 설계도를 짜 놓으신 거지요. 음양의 이치로 자유민주주의와 공산전체주의를 만들어 놓으시고 삼팔선에 모든 것이 달려 있는 오선위기의 도수로 세상을 돌리십니다.

 건국의 대통령 이승만 대통령도, 부흥의 박정희 대통령도, 민주화의 김영삼·김대중 대통령도, 모든 대통령이 상제님의 설계도에 의해 그때가 되면 그 사람이 나와 일을 하게 해서 세상이 궁글어가게 만들어 놓으셨습니다. 일본에 의탁하고 6.25동란을 겪게 하시어 세계 상등국으로 가기 위한 발판을 만들어 놓으시고, 삼변 성도를 통해 진법이 태을도 대종장님을 통해 나타나게 하셔서, 그 마음을 찾아 이제는 우리가 성숙한 신앙을 해야 할 때가 된 것입니다.

 천지부모님은 모든 것을 안배해 놓으시고 오로지 마음만 보고 계십니다. 내 마음속의 상극의 마음인 독기와 살기를 내려놓고 상생의 보은지심을 가져야 합니다. 이것이 첫 번째 관문이며, 생生에 해당합니다. 두 번째는 시천입니다. 시천은 하늘을 모시는 것입니다. 하늘을 모신다는 것은 천지부모님을 모신다는 것입니다. 단순히 모시는 것을 넘어 천지부모님의 마음을 체득하고 천지부모님의 마음과 삶 속에서 진리를 찾아가야 합니다. 이것이 장長입니다. 세 번째는 천지부모님과 내 마음이 하나가 되어 그 마음을 실천하며 살아가는 것입니다. 내 마음을 바꾸어 천지부모님의 대행자로 태을 천상원군님의 도를 깨달아 봉태을奉太乙하는 것이 성成입니다. 내 마음을 닦고 천지부모님과 한마음이 되어 태을주를 읽어 천지부모님의 삶을 살아가는 것이 홀로서기이며, 진정한 성인이자 도덕군자의 길입니다.

이제 곧 북사도의 전란과 남군산의 급살병이 닥쳐 선천 상극의 심법을 가진 모든 사람들을 정리할 것입니다. 이것은 곧 내가 내 마음을 못 닦아 죽는 것입니다. 가을이 왔는데 아직 여름의 삶을 사는 것은 천지의 이치에 순응하지 못한 것이기에, 내가 나 자신을 죽이는 것이며 심판을 받는 것입니다. 내 마음을 닦아 천지부모님의 마음을 체득하여 내 마음에 모시고, 태을주를 읽으며 스스로 실천하는 삶을 살아가는 것이 진정한 신앙이며, 천지부모님의 뜻을 이어받은 도자道子로서 홀로서기를 통해 천지부모님의 뜻을 이 세상에 이루는 것입니다.

그 길이 태을도 대종장님의 마음을 통해 전 세계에 전해지게 되었습니다. 이제 의통법소가 출범하였습니다. 이훈오 대종장님께서 늘 강조하신 대로 마음이 관건이며, 시천이 중심이며, 태을이 핵심입니다. 생·장·성의 과정을 통해 우리는 태을도를 만나 마음을 닦아 천지부모님을 모시고 우주의 주인이신 태을 천상원군님의 태을주를 읽어, 각자 닦은 기국에 따라 의통법소에서 내려오는 의통을 받아서, 세상을 구하고 후천 선경세계인 대시국을 열어갈 것입니다. 헐식천추 도덕군자이자 내 성인인 천지부모님의 삶을 실천하며 살아가는 천지부모님의 도자들이, 자신의 분신과도 같은 자식들을 한 사람이라도 더 마음을 바꾸고 태을도로 들어오게 해, 가정과 직장·사회·국가를 넘어서 전 세계가 하나 되는 지구촌 세계일가를 만들어 갈 것입니다.

후천의 법도이자 대시국의 이념은 상생相生입니다. 마음을 닦아 서로 잘되자는 것입니다. 인종의 차별도 없고, 부자와 가난한 자가 서로 돕고 사는 후천세상이 빨리 오기를 간절히 바라봅니다.

천지부모님으로부터 천명을 받으신 후 한결같은 일심정성으로 그 마음을 설파하신 태을도 대종장님의 간절한 바람이 담긴 『시천주 봉태을』이라는 책이 출간되어 매우 기쁘게 생각합니다. 이 책을 통해 천지부모님과 태을도 대종장님의 간절한 마음이 전해져, 내 마음을 찾아 시천주 봉태을 하여 나도 살고 주위의 가족들도 살리며 더 나아가 북사도 전란과 남군산 병겁을 대비하여 내 마음을 잘 닦아, 닦은 기국에 따라 의통법소에서 내려오는 의통을 크게 받아서 후천 대시국을 건설하는 역군들이 많이 깨어나길 바랍니다.

대시大時 6년 음력 7월 21일
천원天元 121년 음력 7월 21일
서기西紀 2021년 양력 8월 28일

진해법소鎭海法所에서
태을도인太乙道人 충일忠日

축사

지금은 태을도인으로 포태되는 운수

　우리 모두는 선천 오만 년 동안 상극시대를 윤회환생하며 살아왔기에, 몸과 마음 깊숙이 악의 뿌리가 자리 잡고 있습니다. 독기와 살기의 뿌리를 제거하고 악의 뿌리를 뽑는 근본적인 대책이 필요합니다. 증산상제님의 의해 재생신의 생명길이 열렸습니다. 태을도를 만나 태을도인이 되는 재생신의 길을 가야 합니다.

　상생의 마음종자를 추리는 급살병이 눈앞에 다가오고 있습니다. 증산상제님께서는 "전 인류가 진멸지경에 이르렀는데 아무리 하여도 전부 다 건져 살리기는 어려우니, 어찌 원통하지 아니하리오." 하시며 애통해하셨습니다. 지금은 전 인류가 죽느냐 사느냐 하는 생사의 기로에 놓여 있습니다.

　이러한 급살병에서 살아남기 위해서는 태을도를 만나 마음 닦고 태을주를 읽어 몸과 마음을 재생신시켜야 합니다. 고수부님께서는 "후천의 천지사업이 지심대도술知心大道術 하나뿐"이라고 말씀하시며, "네 자신을 믿고 네 자신을 찾고 네 마음을 닦아 새 사람이 되라."고 신신당부하셨습니다.

또 어느 날 신정공사에서는 말씀이 계시니 이러하니라.

"믿네 믿네 저를 믿네

찾네 찾네 저를 찾네

닦네 닦네 마음 닦네

지심대도술知心大道術

심심지문尋心之門을 열어 개개個個히 새사람

재생신 재생신 조화조화 만사지

단주수명丹朱受命 우주수명宇宙壽命" 하시더라.

『선도신정경』 p.156

　무극대도 태을도를 만나 마음 닦고 태을주를 읽으면, 누구나 진리를 깨치고 영생을 얻게 됩니다. 증산상제님께서는 "태을을 떠나서 어찌 살기를 바랄 수 있겠느냐. 태을주는 곧 약이니, 이 약을 먹지 않고는 살지 못한다."고 일러주시며, "지금은 태을도인으로 포태되는 아동의 운수이니, 태을도를 받드는 태을도인이 되는 그날이 그 사람에게 후천의 생일날이 된다."고 말씀하셨습니다.

증산상제님께서 말씀하시기를 "천지만물이 한울을 떠나면 명이 떠나는 것이니, 태을太乙을 떠나서 어찌 살기를 바랄 수 있으리요. 태을주太乙呪는 곧 약이니, 이 약을 먹지 않고는 살지 못하리라."

정영규, 『천지개벽경』 p.147

증산상제님께서 말씀하시기를 "나의 도문하에 혈심자 한 사람만 있으면 내 일은 이루어지느니라." 증산상제님께서 이르시기를 "세상사람들이 나의 도문하에 '태을도인들이 나왔다'고 말들을 하면, 태평천하한 세상이 되리라." 이어서 말씀하시기를 "지금은 태을도인으로 포태되는 운수이니 아동지세니라. 그러므로 치성을 모실 때에는 관복을 벗고 헌배하라. 때가 되어 관을 쓰고 치성을 모시면 천하태평한 세상이 되리라. 나의 도문하에 태을도를 받드는 태을도인이 되는 그날이 그 사람의 후천인생에서 한 살이 되느니라."

이중성, 『천지개벽경』 p.195

마음을 잘 닦아 태을과 합일되는 태을체가 되는 만큼 진리가 무극으로 열리고, 생명이 무극으로 연장됩니다. 재생신의 관건이 마음에 달려 있습니다. 본 책자를 통해 마음속에 심어진 태을을 일깨워, 천주의 품성과 태을신성을 회복한 후천상생의 새 생명으로 재생신되기를 간절히 축원합니다.

대시大時 6년 음력 7월 20일
천원天元 121년 음력 7월 20일
서기西紀 2021년 양력 8월 27일

장성법소長城法所에서
태을도인太乙道人 충양忠陽

축사

천지부모님이 예비해 놓으신 태을도

낙엽 하나 떨어지는 것을 보고 가을이 왔음을 안다 했습니다. 작은 조짐에 큰일이 일어날 것을 알아채는 혜안을 가져야 합니다. 온 세상을 혼란에 빠트린 중국발 코로나19는 시간이 갈수록 사그라들기는커녕 확산에 확산을 거듭하고 있습니다. 연속으로 발발하는 변종 바이러스에 전 세계는 혼란 상태로 내몰려, 나라와 국민 개개인의 일상을 더욱더 어렵고 힘들게 하고 있습니다. 세상이 혼란할수록 근본에 충실하고 진리를 향한 이성이 깨어 있어야 합니다.

"모든 기사묘법을 다 버리고 의통을 알아두라. 내가 천지공사를 맡아봄으로부터 이 땅에 모든 큰 겁재는 물리쳤으나 오직 병겁만은 그대로 두고 너희들에게 의통을 전해주리니, 밀리 있는 진귀한 약품을 중히 여기지 말고 의통醫統을 알아두라. 몸 돌이킬 겨를이 없이 홍수 밀리듯 하리라."

『대순전경』 p.313

시절운수는 시간을 타고 옵니다. 시간은 무심히 흐르는 듯하지만, 변곡점마다 크고 작은 변화와 변혁의 물결을 일으키며 흘러갑니다. 우리는 지금 선천 오만 년을 매듭짓는 하추교차기의 절대적 시간의 변곡점에 서 있습니다. 아침의 찬란한 태양을 위해, 어둠을 짓는 새벽 장막이 먼저 드리워집니다. 천지부모님께서 예비해 놓으신 태을도를 만나기를 바랍니다. 금번 출간된 『시천주 봉태을』 책자가 암흑의 이 시대에 희망의 등불이 될 것입니다. 많은 사람들에게 이 책이 전해지고 읽혀, 삼생의 인연으로 맺어지길 기원합니다.

대시大時 6년 음력 7월 21일
천원天元 121년 음력 7월 21일
서기西紀 2021년 양력 8월 28일

광명법소光明法所에서
태을도인太乙道人 충익忠益

시천주는 이미 행세되었으니

태을주를 쓰라

1장
최후심판 병란병란

임인(1902)년 사월에 증산상제님께서 김형렬의 집에 머무르사 형렬에게 일러 가라사대 "시속에 어린 아해에게 개벽쟁이라고 희롱하나니, 이는 개벽장開闢長이 날 것을 이름이라. 내가 삼계대권을 주재하여 천지를 개벽하며 무궁한 선경의 운수를 정하고 조화정부造化政府를 열어 재겁에 쌓인 신명과 민중을 건지려 하니, 너는 마음을 순결히 하여 공정에 수종하라." 하시고 날마다 명부공사冥府公事를 행하시며 가라사대 "명부공사의 심리를 따라서 세상의 모든 일이 결정되나니, 명부의 혼란으로 인하여 세계도 또한 혼란하게 되느니라." 하시고, 전명숙으로 조선명부, 김일부로 청국명부, 최수운으로 일본명부를 각기 주장케 한다 하시며, 날마다 글을 써서 불사르시니라.

『대순전경』 pp.183-184

1
한반도 씨름판과 천하대세

> 증산상제님께서 회문산 오선위기 도수를 보시며 조선 국운을 정하리라 하시고 공사를 행하실세, 천하시비신순창운회天下是非神淳昌運回라 쓰시어 가라사대 "천하의 모든 약소국이 이 공사로 인하여 조선이 풀리며 자연히 따라 풀려나가리라." 하시고, 또 가라사대 "천하대세가 씨름판과 같으니, 애기판과 총각판이 지난 후에는 상씨름이 될 것이요, 씨름판에는 소가 나가면 판은 걷어치우게 되느니라." 또 가라사대 "씨름판때는 나무 삼팔때를 세우고 만국재판소를 우리나라에 설치하노라." 하시었다 하니라.
>
> 정영규, 『천지개벽경』 pp.98-99

    한반도 이익을 둘러싸고 주변 강대국들이 세 번의 큰 전쟁을 벌였습니다. 청일전쟁과 러일전쟁과 미중전쟁입니다. 두 번의 전쟁은 일본과 중국, 일본과 러시아와의 대결에서 일본이 승리하여 한반도를 차지했고, 세 번째 전쟁은 남북 대리전의 형태를 띤 미국과 중국(러시아)의 대결에서 아직 휴전상태입니다. 외국세력이 한반도에 들어와 벌인 씨름판에서 애기판과 총각판은 일본의 승리로 결정이 났으나, 미국과 중공 간의 가장 강력한 상씨름은 아직 휴전상태로, 승부가 나지 않았습니다.

    한반도에서 각축 중인 미중 간의 상씨름은, 자유민주 진영과 공산독재 진영 간의 건곤일척의 승부수입니다. 이마두 신부가 천상에서 주도한 기독교 현대문명의 빛과 그림자인 자유민주와 공산독재가 지구의 혈자리인 한반도 남북으로 유입되어, 미중패권과 남북대결의 극한점에서 북사도 전란으로 폭발하고 이를 막기 위해 남군산 병겁이 터집니다. 인간의 독기와 살기가 묻은 이성의 극대화로 신도를 무시하고 교만과 폭력성을 길러낸 결과가 북사도 전란과 남군산 병겁입니다.

　천지부모의 모사재천과 단주의 성사재인의 천지도수 따라, 무력으로 행사되던 상극의 금수시대가 마감되고 조화로 행사되는 상생의 태을시대가 열립니다. 이마두가 주도한 기독교 현대문명이 대파멸하는 국면에서 폭발하는 북사도 전란과 남군산 병겁은, 상극의 금수시대를 마감하는 최후의 통과문입니다. 세계인류는 태을도를 닦아, 인간 본래의 참모습인 시천주 봉태을 하는 태을도인으로 재생신되는 파천황의 과정을 거쳐, 최후심판인 급살병에서 살아 태을세상으로 넘어갑니다.

2
천벌이 내린다

> "창생이 큰 죄를 지은 자는 천벌天罰을 받고, 작은 죄를 지은 자는 신벌神罰 혹은 인벌人罰을 받느니라. 이때는 신명시대라, 삼가 죄를 짓지 말라. 새 기운이 돌 때에는 신명들이 불칼을 휘두르며 죄지은 것을 내어놓으라 할 때에는 정신을 차리지 못하리라."
>
> 『대순전경』 p.329

'인명은 재천'이라고 했습니다. 사람의 목숨은 하늘에 달렸습니다. 죽고 사는 문제는 명부의 소관입니다. 명부심판으로 인간의 생사가 결정됩니다. 인간은 태을에서 화생되어 나와 태을로 돌아가는 원시반본의 과정을 되풀이합니다. 급살병으로 상극인간을 정리하는 최후의 명부심판이 다가오고 있습니다.

지금은 태을로 원시반본하는 후천개벽기입니다. 인간의 명줄은 태을에 달려 있습니다. 생명의 하늘이 태을입니다. 태을이 고갈되고 태을맥이 떨어지면 죽습니다. 후천개벽기에는 상생의 태을세상을 열어갈 태을종자를 추리기 위해, 마음심판 천심자선택 태을추수의 급살병이 발발합니다.

인간은 본래 태을도를 닦아 시천주 봉태을 하는 태을도인이었습니다. 독기와 살기가 그 길을 막았습니다. 급살병은 천벌이자 신벌입니다. 상극의 금수세상을 마감하고 상생의 태을세상이 열리는 후천개벽기에 천벌이 내립니다. 태을도를 받아야 합니다. 태을도인이 되어야 합니다. 태을주를 읽어야 합니다.

3
남북변란에 살 길을 찾아라

하루는 종도들과 더불어 원평에다 미리 준비시켜둔 개고기와 술을 잡수시고, 가라사대 "너희들은 바로 구미산龜尾山에 오르라." 명하신 후 상제께서는 유문柳門거리를 돌아서 구미산에 오르시더니, 물으시기를 "지금 어느 때나 되었느뇨." 하시거늘 어느 종도가 여쭈어 가로대 "정오시쯤 되었을 듯하옵나이다." 하고 아뢰는데, 이때 문득 김자현이 원평을 내려다보더니 놀래며 말하기를 "원평장에서 장꾼場軍들이 서로 대가리 다툼을 하나이다." 하고 고하거늘 모든 종도들이 장터를 내려다보니, 이때 오고 가는 장꾼들이 서로 머리를 부딪히고 다니며, 앉아서 전을 보는 사람은 기둥이나 옆에 있는 벽에라도 자기 머리를 부딪히며 비비대더라. 종도들이 놀래어 물어가로대 "어찌하여 장꾼들이 저러하나이까." 물으니 대답하여 가라사대 "내가 한날한시에 천하사람들을 저와 같이 싸움을 붙일 수 있노라. 너희들은 부디 조심할지니, 나의 도수는 밖으로부터 안으로 욱여드는 도수니라. 천하대세를 잘 살피도록 하고 오늘의 이 일을 잘 명심하도록 하라." 하시더라.

정영규, 『천지개벽경』 pp.115-116

한반도는 지구의 혈자리입니다. 한반도는 인류 최후의 화약고요, 병겁터입니다. 기독교 현대문명의 빛과 그림자인 자유민주주의와 공산전체주의가 한반도 남북에 유입되어, 미중패권과 남북대결의 극한점에서 북사도 전란과 남군산 병겁으로 폭발합니다. 천하가 도탄에 빠지면 도로써 구해내는 법입니다. 병이 있으면 약이 있고, 죽임이 있으면 살림이 있습니다. 증산상제님의 천지공사와 고수부님의 신정공사와 단주의 성사재인으로 태을도가 나오고 태을도인이 출세하여, 태을주를 전하고 있습니다.

 남북에서 마주 터지는 북사도 전란과 남군산 병겁에, '태을도 방방곡곡, 태을도인 방방곡곡, 태을주 방방곡곡'입니다. 증산상제님께서는 "지금은 태을도인으로 포태되는 아동의 운수이니, 태을도를 받드는 태을도인이 되는 그날이 그 사람의 후천인생에서 한 살이 되느니라."고 말씀하셨습니다. 천재일우의 기회가 주어졌을 때 태을도에 입도하여 태을도인으로 재생신되어야, 마음심판 천심자선택 태을추수의 급살병에 살아남아 상생의 태을세상으로 넘어갈 수 있습니다. 태을도에 살 길이 있습니다.

4
인류 최후의 육적 전쟁과 영적 전쟁

"이제 모든 선영신들이 발동하여, 그 선자善子선손善孫을 척신의 손에서
빼앗아내어 새 운수의 길로 인도하려고 분주히 서두느니라."

『대순전경』 p.326

 후천개벽기에는 반드시 인류 최후의 육적 전쟁과 영적 전쟁이 동시에 발발합니다. 상극인간을 대청소하는 대전란이요, 급살병입니다. 대전란과 급살병은 인간의 독기와 살기가 불러온 대참학입니다. 대전란은 인류 최후의 육적 전쟁이요, 급살병은 인류 최후의 영적 전쟁입니다. 전 세계인류가 대전란과 급살병을 겪고 나서야 비로소 선천상극의 혼돈시대가 마감되고, 후천상생의 태을시대가 열립니다.

 상생의 태을시대가 열리는 후천개벽기에는 인간의 독기와 살기를 타고 온갖 복마가 발생하고 온갖 척신이 발호합니다. 선천 상극지리에 따라 천지에 가득 찬 독기와 살기의 최종 해원판에, 인간이 만들어낸 척신과 복마가 발동하여 대혼란과 대혼돈을 야기합니다. 탐음진치·약육강식으로 점철된 동물의 성정이 지배한 금수대도술의 병폐가 대전란과 급살병으로 귀결되어 백일하에 드러납니다.

 태을은 생명과 진리의 뿌리입니다. 태을은 인간과 신명의 고향입니

다. 지금은 상생운수 따라 태을로 원시반본하는 후천개벽기입니다. 태을시대는 마음으로 태을을 조화하여 신인합일하는 지심대도술시대입니다. 태을세상은 독기와 살기로 가려진 마음의 장벽이 허물어져, 인간의 마음속에 받아 나온 태을이 완전히 발현되고 태을맥이 온전히 이어지는 태을일맥 태을일통의 태을천하입니다.

 지금은 인간이 선천 오만 년 동안 이어온 상극시대를 살아온 총 결과가 육적 전쟁과 영적 전쟁으로 심판받는 때입니다. 태을시대는 영육이 완성되는 선경시대입니다. 태을시대는 태을도인이 열어갑니다. 독기와 살기가 뿜어져 나오는 상극시대에는 태을시대가 현실화될 수 없습니다. 인간은 본래 태을도를 닦아 시천주 봉태을 하는 태을도인이었는데, 독기와 살기가 그 길을 막았습니다.

 천지인 삼계를 움직이는 것은 신명입니다. 증산상제님께서는 "천지간에 찬 것이 신이니, 풀잎 하나라도 신이 떠나면 마르고, 흙 바른 벽이라도 신이 떠나면 무너지고, 손톱 밑에 가시 하나 드는 것도 신이 들어서 되느니라."고 말씀하시며 "귀신은 천리天理의 지극至極함이니, 공사를 행할 때에 반드시 귀신으로 더불어 판단하노라."고 일러주셨습니다.

 인간은 육화한 신입니다. 증산상제님께서는 신권을 가지고 신을 지휘하여, 인간의 마음속에 깃든 독기와 살기를 풀어 없애 태을세상을 여는 천지공사를 보셨습니다. 한반도는 상극시대가 마감되고 상생의 태을시대가 열리는 지구의 중심지로서, 전 인류의 독기와 살기가 최종적으로 결집하여 폭발하는 육적 전쟁의 화약고요, 영적 전쟁의 병겁지입니다. 그 결론이 북사도 전란과 남군산 병겁입니다.

5
태을개벽의 새 역사가 시작된다

상제님 가라사대 "이제 혼란키 짝이 없는 말대의 천지를 뜯어고쳐 새 세상을 열고, 비겁否劫에 빠진 인간과 신명을 널리 건져 각기 안정을 누리게 하리니, 이것이 곧 천지개벽이라. 옛일을 이음도 아니요, 세운世運에 매여있는 일도 아니요, 오직 내가 처음 짓는 일이라. 비比컨대 부모가 모은 재산이라도 항상 얻어쓰려면 쓸 때마다 얼굴을 쳐다보임과 같이, 쓰러져가는 집을 그대로 살려면 무너질 염려가 있음과 같이, 남이 지은 것과 낡은 것을 그대로 쓰려면 불안과 위구가 따라드나니, 그러므로 새 배포를 꾸미는 것이 옳으니라."

『대순전경』 p.297

급살병이 돌면 태을주를 읽어야 삽니다. 태을주는 태을을 부르는 주문입니다. 태을은 생명의 근원이요, 원천입니다. 태을에 천하창생들의 명줄이 달려 있습니다. 마음을 심판하여 천심자를 골라 태을을 추수하는 급살병입니다. 마음에 먹줄을 잡혀 독기와 살기의 상극인간을 대청소하는 급살병입니다. 선천 오만 년 만에 처음으로 마음이, 영혼을 영원히 흩어버리는 생사판단의 기준이 됩니다. 천지부모님께서는 급살병으로 상생의 인간종자만을 살려 태을세상을 열어갑니다. 급살병은 선천상극의 금수세상을 문 닫고 후천상생의 태을세상을 열기 위한 어쩔 수 없는 선택입니다.

인간의 독기와 살기가 전란과 병겁을 불러옵니다. 한반도는 지구의 혈자리로서 태을인존시대를 여는 중심지입니다. 상극의 운수가 최초로 마감되는 곳도, 상생의 운수가 최초로 열리는 곳도, 한반도입니다. 한반도는 최종적인 전쟁터요, 질병터입니다. 상생운수 따라 태을세상이 열리는 후천개벽기에는 반드시 인간의 독기와 살기가 만들어낸 전란과 병겁이 발생합니다. 북사도 전란과 남군산 병겁입니다. 증산상제님께서는 천리와 지리를 바탕으로, 신도와 인사가 최종적으로 수렴되는 한반도에서 태을개벽의 새 역사인 태을도 대시국 건방설도가 성사재인될 수 있도록 천지공사를 보셨습니다.

인간은 태을에서 화생되어 나와 신계와 인계를 윤회환생하다가, 후천개벽기에 태을로 원시반본합니다. 인간은 본래 태을도를 닦아 시천주 봉태을 하는 태을도인이었으나 독기와 살기가 그 길을 막았습니다. 급살병은 전 세계인류를 원래의 시천주 봉태을 하는 태을도인으로 재생신·재탄생시키기 위해 천지가 마련한 마지막 관문입니다. 지금은 인간들이 단주를 따라 천지부모님을 만나, 태을도에 입도하여 마음 닦고 태을주를 읽어 독기와 살기를 풀어 없애, 마음속에 받아 나온 시천과 태을을 밝혀 천주의 품성을 되찾고 태을신성과 생명력을 회복한 태을도인으로 환골탈태할 수 있는 천재일우의 기회입니다.

6
하늘문과 신세계

"이제 신명으로 하여금 사람에게 임감臨監하여 마음에 먹줄을 잡혀 사정邪正을 감정勘定하여 번개불에 달리리니, 마음을 바르게 못하고 거짓을 행하는 자는 기운이 돌 때에 쓸개가 터지고 뼈마디가 튀어나리라."

『대순전경』 p.306

하늘문이 열립니다. 태을문이 열립니다. 인간을 심판하고 정리하는 하늘의 태을문입니다. 태을의 신세계를 위한 하늘의 태을문이 열리면, 남북에서 마주 터지는 북사도 전란과 남군산 병겁이 폭발합니다. 시간은 무심한 듯 보이지만 결코 무심하지 않습니다. 하늘은 말 없는 듯 보이지만 뇌성벽력이 내리칩니다. 하늘이 태을문을 열어, 선천 상극의 시간을 살아온 상극인간을 대청소할 때가 되었습니다. 마음심판 천심자 선택 태을추수의 급살병입니다.

천하가 도탄에 빠지면 도로써 구해내는 법입니다. 천하가 혼란에 휩싸이면 새로운 나라가 출범합니다. 태을도와 대시국입니다. 증산상제님께서는 진멸지경에 박도한 천하창생을 급살병에서 구하기 위해, 태을도를 밝혀주시고 대시국을 출범시키셨습니다. 인류가 개명된 이래 유불선서도儒佛仙西道가 도탄에 빠진 전 세계 동서고금의 인류를 구하고 혼란을 잠재울 나라를 세웠지만, 선천 상극이 극한에 처한 작금의 상황에서는 한계에 봉착했습니다.

　태을은 진리와 생명의 원천으로서 도의 본향입니다. 도의 원형이 태을도입니다. 유불선서도의 뿌리가 태을도입니다. 유불선서도가 태을도에서 나와, 후천개벽기에 태을도로 원시반본합니다. 인간은 본래 시천주 봉태을 하는 태을도인이었습니다. 독기와 살기가 그 길을 막았습니다. 상극시대를 마감하고 상생시대가 열리는 후천개벽기가 되어서야 비로소 삼계를 주재하는 천주님이 인간세상에 오시어, 태을의 존재를 드러내서 태을도를 선포합니다.

　운수가 바뀌면 활로를 찾아야 합니다. 세상이 바뀌면 새 길을 만나야 합니다. 선천 상극운수에서 살았던 가르침으로는 상생운수를 살아갈 수 없습니다. 선천 상극세상에서 걸었던 낡은 길로는 후천 상생세상을 걸어갈 수 없습니다. 유불선서도는 상극운수에서 인간을 제도했던 가르침이자 인간이 걸어갔던 길이었습니다. 하늘의 태을문이 열리는 후천개벽기를 맞아, 유불선서도의 원형인 태을도를 만나 태을도인이 되어 대시국 건설에 참여해야 합니다.

7
삼계를 주도하는 중심의 사람들

매양 천지공사를 행하실 때 모든 종도들에게 "마음을 잘 닦아 앞에 오는 좋은 세상을 맞으라." 하시므로, 종도들이 하루바삐 그 세상이 이르기를 바라더니, 하루는 신원일이 청하여 가로대 "선생이 천지를 개벽하여 새 세상을 건설한다 하신 지가 이미 오래이며, 공사를 행하시기도 여러 번이로되, 시대의 현상은 조금도 변함이 없으니 제자의 의혹이 자심하나이다. 선생이시여, 하루바삐 이 세상을 뒤집어서 선경을 건설하사 남의 조소를 받지 않게 하시고, 애타게 기다리던 우리에게 영화를 주옵소서." 하거늘, 상제님 일러 가라사대 "인사는 기회가 있고 천리는 도수가 있나니, 그 기회를 지으며 도수를 짜내는 것이 공사의 규범이라. 이제 그 규범을 버리고 억지로 일을 꾸미면 이는 천하에 재앙을 끼침이요, 억조의 생명을 빼앗음이라. 차마 할 일이 아니니라."

원일이 굳이 청하여 가로대 "지금 천하가 혼란무도하여 선악을 가리기 어려우니, 마땅히 속히 진멸하고 새 운수를 열음이 옳으니이다." 상제님 괴로이 여기사 칠월에 원일과 두어 종도를 데리고 변산 개암사에 가사, 손가락으로 물을 찍어서 부안 석교로 향하여 뿌리시니, 문득 그쪽으로 구름이 모여들며 큰비가 쏟아지고 개암사 부근은 청명하더라. 상제님 원일을 명하사 속히 집에 갔다 오라 하시니, 원일이 명을 받고 집에 돌아간즉, 그 아우의 집이 비에 무너져서 그 권속이

자기의 집에 모여 있거늘, 원일이 슬픔을 이기지 못하여 곧 돌아와서 상제님께 그 사유를 아뢰니,

상제님 일러 가라사대 "개벽이란 것은 이렇게 쉬운 것이라. 천하를 물로 덮어 모든 것을 멸망케 하고 우리만 살아있으면 무슨 복이 되리오. 대저 제생의세濟生醫世는 성인聖人의 도道요, 재민혁세災民革世는 웅패雄覇의 술術이라. 이제 천하가 웅패에게 괴롭힌 지 오랜지라, 내가 상생의 도로써 만민을 교화하며 세상을 평안케 하려 하노니, 새 세상을 보기가 어려운 것이 아니오 마음을 고치기가 어려운 것이라. 이제부터 마음을 잘 고치라. 대인을 공부하는 자는 항상 남 살리기를 생각하여야 하나니, 어찌 억조를 멸망케 하고 홀로 잘 되기를 도모함이 옳으리오." 하시니,

원일이 이로부터 두려워하여 무례한 말로 상제님께 괴롭게 한 일을 뉘우치고, 원일의 아우는 그 형이 상제님께 추종하면서 집을 돌보지 아니함을 미워하여 항상 상제님을 욕하더니, 형으로부터 이 이야기를 듣고는 상제님께 욕한 죄로 집이 무너짐이나 아닌가 하여 이로부터 마음을 고치니라.

『대순전경』 pp.45-47

우리들은 세상을 살면서 한 치 앞을 내다볼 수 없는 일을 많이 봅니다. 천만뜻밖의 일을 당할 때면, 참으로 알 수 없는 것이 사람의 일이라고 하면서, 귀신이 곡할 노릇이라고 허탄해합니다. 천도는 도수가 있

고 인사는 기회가 있습니다. 천리를 이화하고 기회를 만들어 도수를 짜고 성사를 시킵니다. 신도에서 먼저 정해지면 인도에서 나중에 행해집니다. 모사재천 성사재인입니다. 천하만사가 천명이 있고 난 다음에 성사가 있는 법입니다.

천지도수가 돌아 닿아 남북에서 마주 터지는 북사도 전란과 남군산 병겁이 가시권에 들어왔습니다. 인류가 이제까지 겪어보지 못한 초유의 일입니다. 한 번도 경험해보지 못했고 전혀 생각이 미치지 않았기 때문에 짐작조차 할 수 없을 것입니다. 이 병란병란은 인간의 독기와 살기가 불러온 결과입니다. 상극세상이 마감되고 상생의 태을세상이 열리려면, 마음을 심판하여 상극인간을 정리하여 천심자를 골라 태을을 추수할 수밖에 없습니다.

후천개벽기에 천지인 삼계의 중심이 드러납니다. 하늘과 땅과 인간이 그냥 돌아가는 것이 아니라, 중심을 바탕으로 전개됩니다. 신명이 하늘과 땅과 인간 속에 들어와 삽니다. 천지인의 주인은 신명입니다. 하늘옷을 입으면 천신, 땅의 옷을 입으면 지신, 인간옷을 입으면 인신입니다. 신명을 다스리는 분이 삼계의 주재자입니다. 지금은 신명시대요, 인존시대입니다. 인존신이 천존신과 지존신을 주도해서 천지도수를 성사재인해 가는 것입니다.

후천개벽기가 되어서야, 신명의 중심이 밝혀집니다. 신명의 중심은 천주이신 증산 상제님과, 진리와 생명의 원천이신 태을 천상원군이십니다. 증산상제님은 인격적인 존재이고, 태을 천상원군은 비인격의 성령입니다. 인간은 본래 태을도를 닦아 시천주 봉태을 하는 태을도인이었습니다. 독기와 살기가 태을도를 잊게 했고 태을도인의 길을 막았습니다. 지금은 태을도를 만나 태을도인으로 재생신되어 태을로 원시반본하는 후천개벽기입니다.

증산상제님은 인간세상에 오시어 태을도를 닦아 태을도인이 된 최초의 사람으로서, 태을 천상원군의 화권을 가지고 태을세상을 여는 천지공사를 보셨습니다. 후천은 천주일맥 태을일맥으로 삼계를 주도하는 중심의 사람들인 태을도인들이 살아가는 태을세상입니다. 증산상제님께서는 "지금은 태을도인으로 포태되는 아동의 운수이니, 태을도를 받드는 태을도인이 되는 그날이 그 사람의 후천인생에서 한 살이 되느니라."고 말씀하셨습니다.

8
태을에서 태을로

"천지만물이 한울을 떠나면 명이 떠나는 것이니, 태을太乙을 떠나서 어찌 살기를 바랄 수 있으리요. 태을주太乙呪는 곧 약이니, 이 약을 먹지 않고는 살지 못하리라."

정영규, 『천지개벽경』 p.147

  지금은 태을로 원시반본하는 후천개벽기입니다. 태을은 진리와 생명의 고향입니다. 인간은 태을에서 화생되어 나와 신명계와 인간계를 윤회환생하다가 후천개벽기에 태을로 돌아가는 원시반본의 과정을 되풀이합니다. 인간은 본래 태을도를 닦아 시천주 봉태을 하는 태을도인이었습니다. 독기와 살기가 그 길을 막아, 천심이 타락하여 천주의 품성을 잊어버리고 태을이 고갈되었습니다. 상극지리가 극성을 부리는 후천개벽기에 독기와 살기가 급살병을 불러와 인간을 절멸시키게 됩니다.

  태을로 원시반본하는 후천개벽기에는 마음심판 천심자선택 태을추수의 급살병이 발발합니다. 급살병에 마음이 관건이고, 시천이 중심이고, 태을이 핵심입니다. 증산상제님과 고수부님께서는 인간세상에 오시어 태을도를 깨친 최초의 태을도인으로서, 급살병에 처한 천하창생들이 태을도를 만나 부지런히 마음 닦고 태을주를 읽어 독기와 살기를 풀어 없애, 천주의 품성을 회복하고 태을신성과 생명력을 되찾아 태을도인의 삶을 살아가도록, 천지공사와 신정공사를 보셨습니다.

　천하가 도탄에 빠지면 도로써 구해내는 법입니다. 천지부모님의 모사재천과 진리의 적장자 단주의 성사재인으로, 태을도가 나오고 태을도인이 출현하여 태을주를 전하고 있습니다. 인간의 독기와 살기가 전란과 병겁을 몰고 옵니다. 한반도는 지구의 핵이자 혈자리이기에, 전 세계 인류의 독기와 살기가 모여들어 북사도 전란과 남군산 병겁으로 폭발합니다. 태을에서 화생되어 나와 태을로 되돌아가는 원시반본의 운수에, 태을도에 입도하여 시천주 봉태을 하는 태을도인이 되어야 합니다.

9
인류절멸 생사의 변곡점

> 하루는 벽을 향하여 돌아누으셨더니, 문득 크게 슬퍼하시며 가라사 대 "전 인류가 진멸지경에 이르렀는데 아무리 하여도 전부 다 건져 살리기는 어려우니 어찌 원통하지 아니하리오." 하시고 느끼어 울으시니라.
>
> 『대순전경』 pp.314-315

    죽음의 공포만큼 몸서리치게 하는 것은 없습니다. 육신을 받아 나온 사람은 누구나 죽음이 두렵고 무섭습니다. 죽음 너머에 대한 불안감 때문입니다. 육신이 없으면 영혼이 몸담아 역사하는 그릇이 없게 됩니다. 죽음의 문턱에 다가가본 사람은 자기 존재에 대한 근본적인 질문을 던지게 됩니다. '나는 누구인가. 생명이란 무엇인가. 생은 무엇이고 사는 무엇인가.' 평범한 삶을 사는 사람이 일견 행복한 것 같지만, 본질적인 측면에서 보면 불행한 사람입니다. 나에 대한 근본적인 성찰을 해볼 기회가 없기 때문입니다.

    젊어서 고생은 사서도 한다는 말이 있습니다. 시련과 고통은 나를 성숙시키는 보약입니다. 어느 분야든 자신의 후계자를 만들 때에는 혹독한 고생을 시킵니다. 하늘이 믿는 사람일수록 일반사람이 감당할 수 없는 인내를 시험합니다. 한계상황을 견디지 못하면 배신하기 때문입니다. 세상의 중심에 세울 사람에겐 혹독한 시험이 따릅니다. 인생살이에서 쉬운 문제만을 접하면 삶의 질이 고만고만합니다. 마음이 깊어지고 생각이 높아지고 영혼이 정화되려면, 남들이 겪어보지 못한 생사의 고비를 수없이 겪어야 합니다.

인간의 독기와 살기가 불러온 대전란과 급살병이 눈앞에 다가왔습니다. 지구의 혈자리로 모여든 인류의 독기와 살기가 북사도 전란과 남군산 병겁으로 폭발합니다. 극한의 생사를 체험해보지 못한 일반사람들은 눈에 보이는 것만 보고 귀에 들리는 것만 듣습니다. 평범한 사람들의 눈에는 일상생활의 반복이지만, 생사의 고비를 넘나든 사람에게는 일촉즉발의 화급한 상황입니다. 병란병란의 천하동변으로 인류가 절멸하는 생사의 변곡점에 와 있습니다. 태을도를 만나 태을주를 읽는 태을도인이 되어야 합니다.

10
대한민국 구세주

> 증산상제님께서 말씀하시기를 "나는 천하만방의 문명신을 거느리고 조화정부를 열었느니라. 천지만신이 나를 한결같이 원하여 추대하니, 나는 후천의 당요이니라. 국호는 대시大時이니라." 증산상제님께서 이제까지 전해 내려오는 모든 족보와 직첩을 불사르시고 말씀하시기를 "모든 족보가 나로부터 다시 새롭게 시작되고, 모든 공명이 나로부터 다시 새롭게 시작될 것이니라." 하시니라.
>
> 이중성, 『천지개벽경』 pp.30-31

천하가 도탄에 빠지면 도로써 구해냅니다. 도탄에 빠진 대한민국을 구할 도가 나왔습니다. 태을도입니다. 천하가 혼란에 휩싸이면 새로운 나라가 선포됩니다. 혼란에 빠진 대한민국을 구할 나라가 선포되었습니다. 대시국입니다. 천하창생이 진멸지경에 박도하면, 하늘의 명을 받은 구세주가 출세합니다. 진멸지경에 박도한 대한민국을 구할 구세주가 출세했습니다. 태을도인입니다. 인간의 독기와 살기가 불러온 북사도 전란과 남군산 병겁이 가시권에 들어왔습니다. 태을도를 받든 태을도인들이 대시국을 세워, 태을주로 병란병란에서 천하창생을 구원합니다.

세상에는 드러난 모습보다 드러나지 않은 모습이 더 많습니다. 천지의 도비道祕는 더욱 그렇습니다. 그러나 눈치가 빠른 사람은 눈짓만 해도 알아챕니다. 경위가 밝은 사람은 한마디만 들어도 깨닫습니다. 증산상제님께서는 "아는 사람은 알고, 모르는 사람은 모르는 강생원집 잔치니라."고 말씀하셨습니다. 고수부님께서는 "지지자知之者는 지지知之하고, 부지자不知者는 부지不知로다."라고 말씀하셨습니다. 부처님도, 인연이 있어야 구원해줄 수 있다고 말했습니다. 삼생의 인연과 조상의 음덕이 있어야, 천지부모님을 만나 태을도에 입도하여 태을도인의 길을 갈 수 있습니다.

한반도는 전 지구의 중심자리요, 혈자리입니다. 남조선 대한민국으로부터 신명계와 인간계가 합일하여 인간을 구원합니다. 천리天理가 그렇고, 지리地理가 그렇고, 운수가 그렇습니다. 1871년 전라도 고부땅에 인신화육人身化肉하신 증산상제님께서는, 1901년부터 1909년까지 천지공사를 보시어, 대한민국에서 천하창생을 급살병에서 구해낼 태을도가 나오고 태을도인이 출세하여, 대시국을 출범시켜 태을주로 의통성업을 집행하도록 하셨습니다. 태을도에 입도해야 합니다. 태을도인이 되어야 합니다. 태을주를 읽어야 합니다. 대시국에 참여해야 합니다.

11
태을주의 선포, 민주주의와 공산주의 종말

"서양사람 이마두(마테오리치)가 동양에 와서 천국을 건설하려고 여러 가지 계획을 내었으나, 쉽게 모든 적폐를 고치고 이상을 실현하기 어려우므로 마침내 뜻을 이루지 못하고, 다만 하늘과 땅의 경계를 틔워 예로부터 각기 지경을 지켜 서로 넘나들지 못하던 신명들로 하여금 서로 거침없이 넘나들게 하고, 그 죽은 뒤에 동양의 문명신을 거느리고 서양으로 돌아가서 다시 천국을 건설하려 하였나니, 이로부터 지하신이 천상에 올라가 모든 기묘한 법을 받아내려 사람에게 알음귀를 열어주어 세상의 모든 학술과 정묘한 기계를 발명케 하여 천국의 모형을 본떴으니, 이것이 현대의 문명이라.

그러나 이 문명은 다만 물질과 사리에 정통하였을 뿐이요, 도리어 인류의 교만과 잔포를 길러내어 천지를 흔들며 자연을 정복하려는 기세로써 모든 죄악을 꺼림 없이 범행하니, 신도의 권위가 떨어지고 삼계가 혼란하여 천도와 인사가 도수를 어기는지라. 이에 이마두는 모든 신성과 불타와 보살들로 더불어 인류와 신명계의 큰 겁액을 구천에 하소연하므로, 내가 (이마두를 데리고) 서천서역대법국천계탑에 내려와서 삼계를 둘러보고 천하를 대순하다가 이 동토에 그쳐, (석가모니의 당래불 찬탄설계에 의거하야 승(僧) 진표가 당래의 비음을 감통하고 건립하여 지심기원해 오던) 모악산 금산사 미륵금상에 임하여 삼십 년을 지내면서, 최수운에게 천명과 신교를 내려 대도를 세우게 하였더니, 수운이 능히 유교의 테밖에 벗어나 진법을 들춰내어 신도와 인문의 푯대를 지으며 대도의 참빛을 열지 못하므로, 드디어 갑자(1864)년에 천명과 신교를 걷우고 신미(1871)년에 스스로 세상에 내려왔노라."

『대순전경』 pp.303-305

서양에서 산업혁명 영향으로 시작된 근대문명의 빛과 그림자가 민주주의와 공산주의입니다. 신명계의 이마두 신부가 천상문명을 모방하여 지상천국을 건설하기 위하여 동서양을 오가며 인간에게 알음귀를 열어주어 주도한, 서양 기독교 근대문명의 주류와 비주류가 민주주의와 공산주의입니다. 상극지리로 인한 인간의 독기와 살기가 민주주의를 중우정치로 전락시키고, 공산주의를 폭민정치로 타락시킵니다. 민주주의는 신에 대한 이해가 잘못되었고, 공산주의는 인간에 대한 이해가 잘못되었습니다.

기독교의 긍정적 산물과 부정적 산물이 민주주의와 공산주의입니다. 정도는 다르지만, 기본적으로 민주주의와 공산주의는 상극지리가 지배하는 상극세상의 정치사상입니다. 인간은 본래 태을도를 닦아 시천주 봉태을 하는 태을도인이었습니다. 독기와 살기가 그 길을 막았습니다. 독기와 살기가 천주의 품성을 왜곡시켰고, 태을신성과 생명력을 없어지게 했습니다.

천지의 운수가 문제고, 인간의 마음이 문제입니다. 인간은 천지의 영향을 받지 않을 수 없고, 천지는 인간을 통해 변화해나갈 수밖에 없습니다. 인간은 환경의 영향을 받지만, 환경이 아무리 바뀌어도 인간의 마음이 바뀌지 않으면 인간의 행실은 바뀌지 않습니다. 사람 마음 바꾸기는 죽기보다 어렵다고 했습니다. 증산상제님도 어쩔 수 없는 것입니다.

증산상제님께서는 천지의 운수를 상극지리에서 상생지리로 바꿔놓고, 인간들로 하여금 마음을 고쳐 상생운수를 살아가도록 하셨습니다. 증산상제님께서는 태을궁의 천지대신문을 열고 태을도를 선포하여 태을시대를 여는 천지공사를 보시고, 천하창생들이 태을도를 닦아 시천주 봉태을 하는 태을도인으로 재생신되는 인간사업을 하셨습니다.

증산상제님이 천지공사로 열어주신 태을시대는 명실상부한 세상이기에, 천지도수 따라 생명과 진리의 실체와 인간의 명실상부한 참모습이 드러나게 됩니다. 태을은 생명과 진리의 뿌리요, 원천입니다. 인간은 태을에서 화생되어 나와 분열 발달하다가, 급살병으로 마음을 심판하여 천심자를 골라 태을을 추수하는 후천개벽기에, 태을도를 받아 마음 닦고 태을주를 읽어 독기와 살기를 풀어 없애 자신의 마음속에 받아 나온 태을을 밝힌 태을도인으로 재생신되어, 태을로 원시반본해야 합니다.

시대가 바뀌면 인물과 체제가 바뀌게 됩니다. 이제 이마두가 주도한 기독교 근대문명이 만들어낸 정치체제로서 신과 인간에 대한 미성숙한 이해를 바탕으로 한 민주주의와 공산주의가 종말을 고하고, 단주가 주도하는 인간의 본질인 태을을 깨우친 태을주의가 시작되고 있습니다. 북사도 전란과 남군산 병겁을 앞두고, 태을일맥으로 태을일통하는 태을가족으로서 의통천명을 받든 태을도인들이 태을도 대시국 건방설도의 천지공정을 펼쳐가고 있습니다.

12
꿈같은 내일이 온다

"후천에는 천하가 한 집안이 되어 위무와 형벌을 쓰지 아니하고 조화로써 중생을 다스려 화할지니, 벼슬아치는 직품을 따라 화권이 열리므로 분의에 넘는 폐단이 없고, 백성은 원통과 한과 상극과 사나움과 탐심과 음탐과 노여움과 모든 번뇌가 그치므로, 성음소모聲音笑貌에 화기가 무르녹고 동정어묵이 도덕에 합하며, 쇠병사장衰病死藏을 면하여 불로불사하며, 빈부의 차별이 철폐되고 맛있는 음식과 좋은 옷이 요구하는 대로 빼닫이칸에 나타나며, 모든 일은 자유욕구에 응하여 신명이 수종 들며, 운거雲車를 타고 공중을 날아 먼 데와 험한 데를 다니며 하늘이 나직하여 오르내림을 뜻대로 하며, 지혜가 밝아서 과거 미래 현재 시방세계의 모든 일을 통달하며, 수화풍水火風 삼재三災가 없어지고 상서가 무르녹아 청화명려한 낙원으로 화하리라."

『대순전경』 pp.306-307

꿈같은 내일이 다가오고 있습니다. 태을진리 태을나라, 태을도 대시국입니다. 태을도 대시국은 신계와 인계를 아우르는 신인합일의 선경세상입니다. 태을문이 열려야 태을세상으로 들어갈 수 있습니다. 인간은 마음속에 태을을 받아 나왔습니다. 마음 닦고 태을주를 읽어 독기와 살기를 풀어 없애, 마음속의 태을을 밝히고 태을맥을 이어 급살병을 이기고 나면, 신계의 태을문이 열립니다. 천지부모님과 이심전심된 마음이라야 태을궁에 들어설 수 있습니다. 천지부모님은 태을궁의 마음문만을 열어놓고 천하창생들의 마음을 살펴보고 계십니다.

태을궁을 중심으로 태을일통 태을일맥의 태을세상이 전개됩니다. 심중 태을궁과 지상 태을궁과 천상 태을궁은 하나로 연결되어 있습니다. 마음으로 태을을 통해 삼계의 태을궁을 연결시키는 것입니다. 인간의 독기와 살기로 태을이 발현되지 못했고 태을맥이 이어지지 못했습니다. 마음으로 태을을 용사하여 신인합일하는 지심대도술의 태을세상이 도래하고 있습니다. 태을세상을 앞두고 독기와 살기로 살아온 상극인간을 대청소하는 급살병이 발발합니다. 마음심판 천심자선택 태을추수의 급살병입니다. 마음이 관건이요, 시천이 중심이요, 태을이 핵심입니다.

지금은 태을로 원시반본하는 후천개벽기입니다. 인간의 독기와 살기가 묻어있는 이성을 극대화하여 발전시킨 기독교 현대문명이 북사도 전란과 남군산 병겁으로 정리되고 나면, 천지인 삼계에 태을도 지심대도술 태을문명이 활짝 열립니다. 태을조화가 조화 중의 조화입니다. 상생운수 따라 태을로 원시반본하는 후천개벽기가 되어야, 비로소 인간의 독기와 살기에 가려진 태을의 실체가 천지부모님에 의해 드러나게 됩니다. 천지부모님에 의해 태을도가 나오고 태을도인이 출세하여, 태을주를 읽혀 급살병을 극복하고 태을도 대시국을 건설합니다.

13
천하동변의 판갈이

> "선천 영웅시대에는 죄로써 먹고 살았으나 후천 성인시대에는 선으로써 먹고 살리니, 죄로써 먹고 사는 것이 장구하랴, 선으로써 먹고 사는 것이 장구하랴. 이제 후천중생으로 하여금 선으로써 먹고 살 도수를 짜 놓았노라."
>
> 『대순전경』 p.320

　전 지구적으로 천하동변의 판갈이가 진행되고 있습니다. 지금은 상극판에서 상생판으로 대전환하는 후천개벽기입니다. 삼계대권을 주재하는 증산상제님이 1901년부터 1909년까지 천지공사를 보시어, 하늘과 땅을 상생으로 뜯어고치고 천지신명을 조화하여, 선천 상극운수를 문 닫고 후천 상생운수를 열어주셨습니다. 증산상제님이 천지공사 보신 천지도수 따라, 선천을 지배했던 상극운수가 마감되고 후천을 지배하는 상생운수가 돌아 닿고 있습니다.

　선천 상극판과 후천 상생판은 인간이 살아가는 삶의 터전 자체가 전혀 다릅니다. 인간은 그 누구를 막론하고 천지환경을 벗어날 수 없습니다. 하루에도 밤낮이 있고, 일 년에도 봄 여름 가을 겨울이 있습니다. 인간은 천지환경의 지배를 받아 살아가게 됩니다. 천지환경이 바뀌면 거기에 따라 살아가는 인간의 삶의 행태도 달라지게 됩니다. 선천 상극판에서는 상극지리에 따라 독기와 살기가 발생합니다. 상극판의 인간은 상극인간일 수밖에 없습니다.

증산상제님은 후천 상생판 위에 인간이 살아가는 상생시대를 열어주셨습니다. 후천 상생판은 상생지리가 지배하기에, 생기와 화기가 넘쳐나게 됩니다. 삶의 방식이 상극판에서의 삶의 방식과는 완전히 다릅니다. 상생판의 인간은 상생인간일 수밖에 없습니다. 선천 상극판과 후천 상생판이 바뀌는 후천개벽기에, 상극인간을 대청소하는 급살병이 발발합니다. 마음을 심판하여 독기와 살기의 상극인간을 완전히 정리하여 영혼을 흩어버립니다.

진리와 생명의 근본자리가 태을입니다. 판갈이하는 후천개벽기에 증산상제님이 인간으로 오시어, 태을을 밝혀 태을도를 전해주셨습니다. 선천 상극판에서는 인간의 독기와 살기에 가려 태을이 드러날 수가 없습니다. 인간은 본래 태을도를 닦아 시천주 봉태을 하는 태을도인이었습니다. 지금은 태을도를 만나 태을도인으로 재생신되는 후천개벽기입니다. 급살병에서 살아서 상생판으로 넘어가려면, 태을도를 만나 태을도인이 되어 태을주를 읽어야 합니다.

14
온 나라가 뒤집어진다

하루는 공신의 집에 계실 새 종도들에게 물어 가라사대 "이 뒤에 전쟁이 있겠느냐 없겠느냐." 하시니, 혹 있으리라는 사람도 있고 혹 없으리라는 사람도 있는지라. 상제님 가라사대 "천지개벽시대에 어찌 전쟁이 없으리오." 하시고 전쟁 기구를 챙긴다 하사, 방에 있는 담뱃대 이십여 개를 거두어 거꾸로 모아 세우시고, 종도들로 하여금 각기 수건으로 머리와 다리를 동이게 하시고, 또 백지에 시천주를 써서 심을 부벼 불붙여 드리시고, 문창에 구멍을 뚫게 하신 뒤에 담뱃대를 거꾸로 메게 하시고 가라사대 "행오를 잃으면 군사가 상하리라." 하시고, 종도들로 하여금 문으로 나가서 정주로 돌아들어 창문에 담뱃대를 대고 입으로 총소리를 내게 하시며, 다시 측간으로 돌아와서 창구멍에 대고 총소리를 내게 하시며, 또 허청으로 돌아들어 그와 같이 하되 궁을형을 지어 빨리 달리게 하시니, 늙은 사람은 헐떡거리더라. 상제님 가라사대 "말세를 당하여 어찌 전쟁이 없으리오. 뒷날 대전쟁이 일어나면 각기 재조를 자랑하여 재조가 일등 되는 나라가 상등국이 되리라." 하시니라. 이 공사를 보신 후에 사방에서 천고성天鼓聲이 일어나니라.

『대순전경』 pp.215-216

남북에서 마주 터지는 북사도 전란과 남군산 병겁이 점차 현실화되고 있습니다. 기독교 현대문명의 빛과 그림자인 자유민주주의와 공산전체주의가 한반도에 유입되어, 1948년 대한민국과 북조선으로 분단되어 체제대결을 해온 지 70년이 넘었습니다. 지구의 혈자리인 한반도는 기독교 현대문명의 두 기둥인 자유민주주의와 공산전체주의의 마지막 대결장으로서, 미중패권과 남북대결의 극한점에서 북사도 전란과 남군산 병겁으로 폭발합니다.

증산상재님께서는 '지천하지세자知天下之勢者는 유천하지생기有天下之生氣하고, 암천하지세자暗天下之勢者는 유천하지사기有天下之死氣'라고 말씀하셨습니다. 천하의 대세를 알아야 살 기운을 받고, 천하의 대세에 어두우면 죽을 기운을 받게 됩니다. 선천 상극세상을 지배해온 상극지리가 만들어낸 인간의 독기와 살기가 똘똘 뭉쳐 척과 살을 만들어내, 대전란과 급살병을 불러옵니다. 선천 상극의 금수세상을 마감하고 후천 상생의 태을세상이 열리는 후천개벽기에 반드시 거쳐야 할 과정입니다.

인간은 태을에서 화생되어 나와 신계와 인간계를 윤회환생하다가, 후천개벽기에 태을로 원시반본하는 과정을 되풀이합니다. 태을은 진리와 생명의 뿌리요, 원천입니다. 인간은 본래 태을도를 닦아 시천주 봉태을 하는 태을도인이었습니다. 독기와 살기가 그 길을 막았습니다. 증산상제님께서는 후천개벽기에 인간세상에 오셔서 천지의 운수를 상극에서 상생으로 돌려놓으시어, 인간 마음속의 태을이 발현될 수 있는 천지환경을 만들어 놓으셨습니다.

인간은 천지의 진액이요, 열매입니다. 천지는 일월을 왕래시키고 계절을 변화시켜 인간농사를 짓습니다. 인간이 성숙되고 완성되어 열매를 맺어야 천지의 인간농사가 성공합니다. 지금은 신명도 인간을 도와 성공시켜야 신명도 성공하는 신인합일의 인존시대입니다. 후천개벽기에 독기와 살기의 상극인간을 대청소하는 급살병이 대전란과 더불어 발발합니다. 마음심판 천심자선택 태을추수의 급살병입니다. 급살병이 돌면, 온 나라가 뒤집어집니다.

 경천동지할 천하동변이 가시화되고 있습니다. 증산상제님께서는 "지금은 태을도인으로 포태되는 아동의 운수이니, 태을도를 받드는 태을도인이 되는 그날이 그 사람의 후천인생에서 한 살이 되느니라."고 말씀하셨습니다. 천하가 도탄에 빠지면 새로운 도가 나오고, 천하가 혼란에 휩싸이면 새로운 나라가 선포됩니다. 태을도와 대시국입니다. 북사도 전란과 남군산 병겁에, 태을도를 만나야 합니다. 태을도인이 되어야 합니다. 태을주를 읽어야 합니다.

15
천하동변의 비상사태

하루는 대선생께서 동곡에 계시더니 한밤중인 삼경에 이르러 말씀하시기를 "모두 잠자리에 들거라." 하시니, 제자들이 명을 받들어 모두 옷을 벗고 깊은 잠에 빠졌더라. 그런데 사경에 이르러 대선생께서 창졸간에 놀래고 겁먹은 표정으로 급히 명을 내리시기를 "빨리 밥을 하거라." 하시니라. 제자들이 명을 받들어 밥을 하려고 겨우 불을 붙였는데, 또 급히 명하시기를 "빨리 밥을 지어 가져오거라." 하시니, 제자들이 고하기를 "이제 겨우 물을 붓고 불을 붙여서 아직 밥이 되지 않았나이다." 하니, 대선생께서 놀래고 두려워하는 목소리로 "커다란 화가 목전에 당도하여 상황이 화급하거늘, 어찌 밥이 다 되기를 기다리겠느냐." 제자들이 명을 받들어 익지 않은 생쌀을 드리니, 겨우 몇 수저를 들었는데 놀라서 어쩔 줄 몰라 하시며 급하게 떨리는 목소리로 "일본 헌병이 우리를 체포하려고 문밖에 당도하였으니 모두 각자 살 길을 도모하라." 하시며, 황망스럽고 바쁜 발걸음으로 먼저 피해 달아나시더라. 제자들이 혼비백산하여 대선생 뒤를 따르며 애절하게 고하기를 "살 길을 가르쳐 주소서." 하니, 대선생의 목소리가 떨리고 말씀이 촉급하사 "나도 역시 내 목숨을 구할 겨를이 없는데, 어느 틈에 너희들의 목숨을 구해주겠느냐." 하시니라.

다행히 일본 헌병이 물러가자, 제자들이 대선생께 여쭙기를 "바야흐로 천하의 정세가 일본의 세력이 방자하게 밀려들어와 대한제국의 운명이 장차 기울어가니, 국내외에 여론이 비등하야 지사는 의를 세워 일어나고 불의한 자는 도적질을 일삼으니, 일본 헌병이 위세를 부려 사람의 목을 치니 마치 초목을 베는 것과 같아, 상황이 누란의 위기에 처하여 참으로 위태위태하옵거늘, 이러한 때를 당하야 대선생께서는 일본헌병이 이곳으로 체포하려고 올 것을 미리 헤아리시고, 시간이 촉박하고 제자들이 혼비백산하여 위기일발의 상황에 처한 순간에 간신히 구해주어 일본 헌병을 그냥 돌아가게 하시니, 무슨 까닭이나이까." 대선생께서 기뻐하사 크게 웃으시며 이르시기를 "하나는 너희들의 신심을 시험해 보고자 한 것이요, 또 하나는 너희들을 조심시키기 위함이니라. 천하의 모든 병사가 모두 몰려올지라도 내가 능히 막을 수 있고, 천하의 중생들이 모두 위기에 빠질지라도 내가 능히 구해낼 수 있으리니, 내가 그 무엇을 두려워하겠느냐. 천하사를 하는 사람은 항상 길고 멀리 보며 생각을 가다듬어야 하고, 또한 언제 어느 때든 불시에 닥칠 일을 준비하고 있어야 하느니라. 편안할 때 위급함을 생각하고, 위급한 가운데서도 편안함을 구해야 하느니라. 나는 너희들에게 이를 돌이켜 살피고 경계하게 하노라."

이중성, 『천지개벽경』 pp.255-258

인간의 독기와 살기가 만들어낸 기독교 현대문명이 북사도 전란과 남군산 병겁으로 폭발합니다. 한반도는 지구의 혈자리로서 기독교 현대문명의 빛과 그림자가 최종적으로 유입되어, 북미패권과 남북대결의 극한점에서 북사도 전란과 남군산 병겁으로 결론 맺게 됩니다. 병란병란의 천하동변의 운수에, 천하가 도탄에 빠지면 도로써 구해내는 법입니다.

북사도 전란은 남군산 병겁으로 막아내고, 남군산 병겁은 태을도로 막아냅니다. 마음을 심판하여 천심자를 골라 태을을 추수하는 급살병으로 독기와 살기의 상극인간을 대청소하여, 선천상극의 금수세상을 마감하고 후천상생의 태을세상을 엽니다. 증산상제님의 천지공사와 고수부님의 신정공사로 모사재천하신 천지도수를, 단주가 태을도인들과 더불어 성사재인합니다.

  난을 지은 자가 있으면, 난을 평정하는 자가 있습니다. 이마두는 기독교 지상천국을 꿈꾸었다가, 인류를 진멸지경으로 몰아넣은 난리를 만들어냈습니다. 이마두가 천상에서 주도한 기독교 현대문명이 북사도 전란과 남군산 병겁으로 끝맺음 짓고, 단주가 앞장서 개척하는 태을도 태을문명이 건설됩니다. 병란병란 천하동변의 비상사태에 천지부모님이 오시고 태을도 대시국이 나왔습니다.

2장
북사도 전란
남군산 병겁

제자가 증산상제님께 아뢰기를 "의로운 사람과 불의한 사람을 어떻게 알 수 있습니까?" 증산상제님께서 말씀하시기를 "의로운 사람은, 의통천명醫統天命을 완수하겠다는 결연한 의지로, 모든 것을 다 바쳐 만고풍상을 겪으면서도 오직 인류를 구원하려는 한 조각 붉은 마음을 변치 않고 지키며, 그때를 위해 만반의 준비를 하는 법이니라."

이중성, 『천지개벽경』 p.514

1
재생신과 원시반본

장근을 명하여 식혜 한 동이를 빚어넣으라 하사, 이날 밤 초경에 식혜를 널버기에 담아서 잉경 밑에 넣으시고 가라사대 "회문산에 오선위기혈이 있으니 이제 바둑의 원조 단주의 해원도수를 이곳에 부쳐서 조선 국운을 돌리려 하노라. 다섯 신선 중에 한 신선은 주인이라 수수방관할 따름이요, 네 신선은 판을 대하여 서로 패를 들쳐서 따먹으려 하므로 시일만 천연하고 승부가 속히 나지 아니한지라. 이제 최수운을 청해 와서 증인으로 세우고 승부를 결정하려 하노니, 이 식혜는 곧 최수운을 대접하려는 것이로다. 너희들 중에 그 문집에 있는 글귀를 아는 자가 있느냐." 몇 사람이 대하여 가로대 "기억하는 귀절이 있나이다."

증산상제님께서 양지에 '걸군굿 초라니패 남사당 여사당 삼대치'라 쓰시며 가라사대 "이 글이 주문이라. 외울 때에 웃는 자가 있으면 죽으리니 주의하라." 또 가라사대 "이 글에 고저청탁의 곡조가 있나니, 외울 때에 곡조에 맞지 아니하면 신선들이 웃으리니 곡조를 잘 맞추어라." 하시고, 상제님 친히 곡조를 맞추어 읽으시며 모두 따라 읽게 하시니, 이윽고 찬 기운이 도는지라. 상제님 읽기를 멈추시고 가라사대 "최수운이 왔으니 조용히 들어보라." 하시더니, 문득 잉경 위에서 "가장이 엄숙하면 그런 빛이 왜 있으리."라고 외치는 소리가 들리거늘 가라사대 "이 말이 어디 있나뇨." 한 사람이 가로대 "수운가사에 있나이다."

상제, 잉경 위를 향하야 두어 마디로 알아듣지 못하게 수작하신 뒤에 가라사대 "조선을 서양으로 넘기면 인종이 다르므로 차별과 학대가 심하여 살아날 수 없을 것이요, 청국으로 넘기면 그 민중이 우둔하여 뒷감당을 못할 것이오, 일본은 임진난 후로 도술신명들 사이에 척이 맺혀 있으니 그들에게 넘겨주어야 척이 풀릴지라. 그러므로 그들에게 일시 천하통일지기天下統一之氣와 일월대명지기日月大明之氣를 붙여주어 역사를 잘 시키려니와, 한 가지 못 줄 것이 있으니 곧 어질 인仁 자라. 만일 어질 인자까지 붙여주면 천하는 다 저희들의 것이 되지 않겠느냐."

『대순전경』 pp.204-205

증산상제님은 한반도에서 상생의 태을세상을 여는 천지공사를 보셨습니다. '상극에서 상생으로!' 후천개벽기의 재생신 표어입니다. 하늘도 재생신, 땅도 재생신, 인간도 재생신, 신명도 재생신입니다. 마음속에 깊이 깃든 독기와 살기를 풀어 없애 생기와 화기로 돌려야 재생신됩니다. 상생세상이 열리는 후천개벽기에는 독기와 살기가 만들어낸 최종적인 전란과 병겁이 한반도에서 발생합니다.

한반도는 독기와 살기를 풀어 없애는 대속의 장소입니다. 한반도는 지리적으로나 운명적으로나 지구의 핵이자 중심입니다. 한반도는 선천 상극세상을 마감하고 후천 상생세상을 여는 성지이자 성소입니다. 상극세상을 마감하고 상생세상을 여는 북사도 전란과 남군산 병겁입니다. 독기와 살기가 불러온 전란과 병겁이요, 독기와 살기가 만들어낸 전란과 병겁입니다.

　전 지구적인 상극요소가 한반도로 모여들어 폭발합니다. 후천개벽기는 재생신의 시기요, 원시반본의 시기입니다. 인간은 본래 태을도를 닦아 시천주 봉태을 하는 태을도인입니다. 독기와 살기가 그 길을 막았습니다. 지금은 태을도를 만나 마음속에 받아 나온 시천과 태을을 밝혀, 천주의 품성을 되찾고 태을신성과 생명력을 회복한 태을도인으로 재생신되어, 태을로 원시반본해야 하는 후천개벽기입니다. 천하창생을 살려내는 천재일우의 시기에, 태을도에 선택과 집중을 해야 합니다.

2
개신교와 공산주의 그리고 태을도

"서교는 신명박대가 심하므로 능히 성공치 못하리라."

『대순전경』 p.166

하루는 종도들에게 일러 가라사대 "서양이 곧 명부라. 사람의 본성이 원래 어두운 곳을 등지고 밝은 곳을 향하나니, 이것이 곧 배서향동이라. 만일 서양사람을 믿는 자는 이롭지 못하리라."

『대순전경』 p.143

근대문명의 빛과 그림자가 개신교와 공산주의입니다. 루터가 시작한 종교개혁을 통해 개신교가 가톨릭을 압도하면서, 개인과 자유의 가치를 일깨워 산업혁명과 정치혁명을 일으켜, 미국 중심의 자유민주 근대문명이 만개했습니다. 그러나 산업혁명을 주도한 자본가에 억눌려온 노동자가 자본가를 타도해야 한다는 마르크스의 계급투쟁 공산주의에 의한 레닌의 볼셰비키 혁명으로 공산주의 종주국 소련이 탄생하였고, 그 이후 개신교국가 미국과 공산당국가 소련의 체제전쟁이 시작되었습니다.

근대문명의 빛인 개신교의 정치체제는 자유민주주의이고, 근대문명의 그림자인 공산주의의 정치체제는 독재전체주의입니다. 개신교는 신을 인정하는 유신론이고, 공산주의는 신을 부정하는 유물론입니다. 공산주의에서는 신이 설 자리가 없기에, 개신교와 공산주의의 대결은 사상전쟁이면서 종교전쟁입니다. 미국의 개신교가 자유민주 대한민국으로 건국되었고, 소련의 공산주의가 독재전체 북조선으로 건국되어, 미국과 소련을 뒷배로 하는 사상전쟁 종교전쟁을 70년 동안 벌이고 있습니다.

증산상제님께서 금강산 일만이천 봉의 겁기를 붙인 소련 공산당이 중국과 북조선을 공산화하면서, 한반도를 적화시키기 위해 대한민국에 공산당세력을 양성하여 왔습니다. 북조선의 김일성은 소련의 스탈린과 중국의 모택동의 1인숭배 공산주의를 모방하여 김일성 1인숭배 공산주의인 주체사상을 만들어, 박헌영의 남로당세력을 부활시켜 남북연방제로 한반도 주체사상화를 시도하고 있습니다. 현재 한반도는 기독교의 대한민국과 주사파의 북조선이 마지막 힘겨루기를 하고 있습니다.

한반도에서의 개신교와 주사파의 마지막 대결은 북사도 전란과 남군산 병겁으로 귀결됩니다. 미국은 신을 부정하는 중국의 공산주의를 없애 개신교 세계통일을 이루려 하고, 중국은 신을 인정하는 미국의 개신교를 박멸하여 공산당 세계통일을 이루려 하기에, 한반도에서 자국의 동맹국인 대한민국과 북조선을 포기할 수 없어, 생사를 건 건곤일척의 전쟁을 벌일 수밖에 없습니다. 한반도는 미국과 중국의 전 지구적 체제경쟁에서 승리하기 위한 사활적 이해가 걸린 지역입니다.

남조선 주사파의 조국은 북조선이요, 수령은 김정은입니다. 대한민국은 이승만이 미국을 벤치마킹해서 세운 기독교 근대문명 국가인데, 그들은 이승만-박정희-박근혜로 이어지는 대한민국과 한미일 삼각동맹을 부정하고, 김일성-김정일-김정은으로 이어지는 북조선과 북중러 삼각동맹에 경도되어 있습니다. 북핵을 둘러싼 미중 간의 패권경쟁이 북사도 전란으로 발전하면 남군산 병겁으로 막을 수밖에 없고, 마지막에 태을도가 나설 수밖에 없습니다. 천하가 도탄에 빠지면 도로써 구해내는 법입니다.

3
전란도수 병겁도수

대선생께서 이르시기를 "선천에 악업이 쌓여 그 절정에 이르러서는, 천하의 병을 양산하야 마침내 괴질이 되느니라. 봄 여름에는 병이 없다가 봄 여름의 마지막에 이르러 가을로 절기가 바뀔 때에 병세가 발작하나니, 바야흐로 천지의 대운이 큰 가을의 운수에 접어들었느니라. 천지의 일 원一元이 가을운수를 당하야, 선천의 마지막이 가을운수에 이르러 큰 병이 대발하고, 선천의 여러 악이 천하의 큰 난리를 만들어내나니, 큰 난리 끝에 큰 병이 대발하야 전 세계에 퍼지면, 피할 방도가 없으며 치료할 약도 없으리라." 제자가 여쭙기를 "병겁의 상황이 그러하오면 천하에 정말로 약이 없는 것이오니까." 대선생께서 이르시기를 "약을 가졌다는 자는 먼저 죽으리라. 내 세상에서 서양의술은 무용지물이 되리라. 하늘에서 생명을 진멸하는 이치는 없나니, 그런 고로 하늘의 신성 부처 성신들이 한결같이 나에게 간구하여 '대선생께서 세상에 내려가시어 병으로 죽어가는 억조창생을 구원하여 만세를 이어갈 선경세상을 열어주실 것'을 소망하였나니, 나를 따르는 자는 살 것이니라."

이중성, 『천지개벽경』 pp.231-232

한반도에 대전란과 급살병의 먹구름이 몰려오고 있습니다. 전 인류의 독기와 살기가 집중된 한반도입니다. 증산상제님이 천지공사 보시고 고수부님이 신정공사 보신 전란도수와 병겁도수가 점차 현실화되고 있습니다. 상극지리를 벗어나지 못한 인간들의 마음이 그리로 흐르고 있기 때문에 천지부모님도 어쩔 수 없습니다. 현대문명의 빛과 그림자인 자유민주체제와 공산독재체제의 대표인 미국과 중국이 벌이는 한반도에서의 패권경쟁의 파국이, 북사도 전란과 남군산 병겁입니다.

이마두가 주창한 기독교 현대문명의 말기암이 미국과 소련을 거쳐 한반도에 유입되어, 미중대결과 남북대결 속에 인류전멸의 상황으로 질주하고 있습니다. 상극세상을 살아온 인간의 독기와 살기가 불러온 대전란이요, 급살병입니다. 천하가 도탄에 빠지면 도로써 구해내는 법입니다. 태을도를 만나야 합니다. 태을도인이 되어야 합니다. 태을주를 읽어야 합니다. 태을도가 나오고 태을도인이 출세하여 태을주를 전하고 있습니다. 태을도 방방곡곡, 태을도인 방방곡곡, 태을주 방방곡곡입니다.

4
삼팔선이 무너진다

대선생께서 이르시기를 "만고의 원한 중에서 단주가 가장 크니, 요임금의 아들 단주가 불초하다는 말이 반만년에 걸쳐 전해 내려오지 않더냐. 단주가 불초하였다면 조정의 신하가 일러 '단주가 깨침이 많고 천성이 밝다'고 천거했겠느냐. 야만과 오랑캐를 없애겠다는 것이 남과 더불어 다투고 시비 걸기를 좋아하는 것이라더냐. 이는 대동세계를 만들고자 한 것을 두고 다투고 시비하는 것이라 욕하였느니라." 제자가 여쭙기를 "우가 요임금의 맏아들이 불초하다고 비판하였나니, 그 이유로 '밤낮을 가리지 않고 여기저기 돌아다니고, 물과 뭍을 막론하고 배를 몰고 다니고, 집집마다 들어가 술 마시기를 좋아하고, 요임금이 만들어놓은 세상을 멸망시킬 것이라' 하였나이다."

대선생께서 말씀하시기를 "밤낮을 가리지 않고 여기저기 돌아다녔다는 것은 부지런하게 돌아다니며 백성의 고통을 살폈다는 것이요, 물과 뭍을 가리지 않고 배를 몰고 다녔다는 것은 대동세계를 이루고자 분주하였다는 말이요, 집집마다 들어가 술을 마셨다는 것은 가가호호 백성과 더불어 즐거움을 함께하였다는 것이요, 요임금의 세상을 멸망시킬 것이라 하는 것은 다스리는 도가 요임금과 다름을 이름이니라. 당요의 세상에 단주가 천하를 맡았다면 요복과 황복이라는 지역차별이 없었을 것이고, 야만과 오랑캐라는 이름도 없었을 것이고, 만 리가 지척과 같이 가까워졌을 것이며, 천하가 한 가족이 되었으리니, 요임금과 순임금의 도는 좁고 막힌 것이었느니라. 단주의 원한이 너무 커서, 순임금이 창오의 들판에서 갑자기 죽고 두 왕비가 상강의 물에 빠져 죽었느니라."

대선생께서 이르시기를 "천하에 크고 작게 쌓여온 원한이 큰 화를 양산하여 인간세상이 장차 멸망할 지경에 이르렀나니, 그런 고로 단주의 원한을 풀어주어야, 만고에 걸쳐 쌓인 모든 원한이 따라서 풀리게 되느니라. 후천 선경세상에는 단주가 세상의 운수를 맡아 다스려 나갈 것이니라."

이중성, 『천지개벽경』 pp.101-103

천하만사에는 반드시 하늘과 통하는 선통자가 있기 마련입니다. 들리지 않는 소리를 듣고, 보이지 않는 모습을 보는 사람이 선통자입니다. 자연의 이치는 상극의 극한에 상생의 시운이 도래합니다. 상극의 말기에 인간의 독기와 살기가 만들어낸 대전란과 급살병이 발발합니다. 영성이 열린 사람은 영성의 언행으로 선통자의 역할을 하고, 이성이 깨친 사람은 이성의 언행으로 선통자의 역할을 하고, 감성이 깊은 사람은 감성의 언어로 선통자의 역할을 합니다. 후천 유불선서도儒佛仙西道의 종장들인 주자와 진묵과 수운과 이마두가 이끄는 각 종단의 선통자들이, 영성과 이성과 감성의 언어로 전 세계 인류에게 북사도 전란과 남군산 병겁이 눈앞에 와 있음을 외치고 있습니다.

북사도 전란과 남군산 병겁이 눈앞에 다가왔습니다. 천하가 도탄에 빠지면 도로써 구해낼 수밖에 없습니다. 증산상제님께서는 태을도를 통해 진멸지경에 처한 천하창생들이 살아날 수 있는 길을 열어주는 천지공사를 보셨고, 고수부님께서는 증산상제님의 천지공사를 감리하는 신정공사를 보셨습니다. 단주는 천지부모님이 천지공사와 신정공사로 모사재천하신 천지도수를 성사재인합니다. 이마두가 이 땅에 지상천국을 건설하기 위해 천상의 천국의 모형을 본떠 이식한 기독교 현대문명이 인간의 교만과 폭력성으로 말기암에 다다른 절체절명의 상황에서, 단주가 나설 수밖에 없습니다. 북사도 전란과 남군산 병겁으로 삼팔선이 무너집니다. 태을도 방방곡곡, 태을주 방방곡곡입니다.

5
신병이 움직인다

> 어느 날 종도들에게 가라사대 "일후에 때가 되면, 천하만국의 제왕신帝王神과 이십사장二十四將은 금산사를 옹위하고, 이십팔장二十八將은 용화대기지를 옹위하며, 삼만三萬의 철기신장은 원평 장상대기지를 옹위하리라." 하시고, 이어서 가라사대 "옛말에 이르기를 '수양산 그늘이 강동 팔십 리 간다'고 하는 말과 같이, 금산사를 중심으로 한 용화도장은 장광이 팔십 리니라."
>
> 정영규, 『천지개벽경』 p.28

상극세상이 문 닫히고 상생세상이 도래하고 있습니다. 상극인간이 만들어낸 현대문명이 심판대에 오르고 있습니다. 인간의 독기와 살기가 불러온 북사도 전란과 남군산 병겁이 점차 현실화되고 있습니다. 현대문명의 빛과 그림자인 민주주의와 공산주의가 한반도에 유입되어, 최종 대결한 대참화가 북사도 전란과 남군산 병겁입니다. 미중의 패권경쟁 속에 남북 간 대치가 심화되고 있습니다. 천지운수가 도래하여 하늘이 명을 내리면, 신명이 작업하고 인간이 행동합니다.

이마두가 주창한 기독교 현대문명 100년의 역사가 북사도 전란과 남군산 병겁으로 종언을 고하고 있습니다. 급살병으로 최후의 인류심판을 겪고 나면, 금수대도술의 현대문명이 지심대도술의 태을문명으로 대전환을 합니다. 천하가 도탄에 빠지면 도로써 구해낼 수밖에 없습니다. 증산상제님의 천지공사와 고수부님의 신정공사와 단주의 성사재인으로, 태을도가 나오고 태을도인이 출세하여 태을주를 전하고 있습니다. 태을도를 받들어 태을도인이 되는 그날이 후천의 생일날입니다.

6
한반도의 대격변, 태을문이 열린다

"천지간에 찬 것이 신神이니, 풀잎 하나라도 신이 떠나면 마르고, 흙 바른 벽이라도 신이 떠나면 무너지고, 손톱 밑에 가시 하나 드는 것도 신이 들어서 되느니라."

『대순전경』 pp.336-337

천지인 삼계에 신이 들어가 삽니다. 하늘집과 땅집과 인간집의 주인은 신입니다. 선천 오만 년 만에 처음으로, 삼계에 사는 신명이 급살병으로 심판을 받습니다. 천지인 삼계가 태을로 일통하는 태을세상이 열리기 때문입니다. 태을은 신명과 생명의 뿌리입니다. 선천 상극세상에서는 상극지리가 지배하기 때문에, 독기와 살기로 인해 태을일맥 태을일통의 천하일가 삼계일가가 되지 못했습니다. 지금은 천지인 삼계에 들어가 사는 신이 마음 닦고 태을주를 읽어, 독기와 살기를 풀어 없애 자신의 태을을 밝혀 본래의 태을로 돌아가는 원시반본의 시대요, 후천개벽의 시대입니다.

인간은 천지의 진액이요, 열매입니다. 인간은 하늘의 혼과 땅의 백이 결합된 참으로 신령스런 존재입니다. 인간이 성숙되어야 천지도 성숙되고, 인간이 완성되어야 천지도 완성됩니다. 천지는 선천 오만 년 동안, 인간을 인존신 태을도인으로 성숙완성시켜 인존시대를 열기 위한 인간농사를 지어왔습니다. 인간은 본래 태을도를 닦아 시천주 봉태을 하는 태을도인이었습니다. 독기와 살기가 그 길을 막았습니다. 태을도를 만나 마음 닦고 태을주를 읽어 독기와 살기를 풀어 없애 상생의 태을도인으로 재생신되지 않으면, 영혼이 영원히 사라집니다. 인간신이라는 존재가 아예 없어지는 것입니다.

한반도는 지구의 혈자리이자 우주의 혈자리입니다. 천상의 태을문이 열리면서 한반도 대격변이 시작됩니다. 북사도 전란과 더불어 발발하는 마음심판 천심자선택 태을추수의 급살병입니다. 이마두가 주도한 기독교 현대문명은 인간이 신명을 박대하는 교만함과 폭력성을 길러, 자유민주와 공산독재 간의 생사를 건 투쟁 결과, 북사도 전란과 남군산 병겁으로 전 세계 인류를 전멸시키는 대파국을 맞았습니다. 북사도 전란과 남군산 병겁으로 상극인간을 대청소하고 나면, 태을도 대시국 지심대도술의 태을문명이 열립니다. 천지부모님이 모사재천하신 인존시대를 단주와 태을도인들이 성사재인합니다.

7
전라도가 뒤집힌다

제자가 여쭙기를 "급살병이 닥치면 동토 전역에 어느 도가 가장 심하나이까." 대선생께서 이르시기를 "서북지역이 가장 심하고 중동지역이 그다음이고 호남지역이 많이 사느니라." 제자가 다시 여쭙기를 "세상에 전하는 말에, 광주와 나주 지역은 발이 있어도 밟지 말라고 하였나니 과연 그러하나이까." 대선생께서 말씀하시기를 "광주와 나주 지역은 이미 패운敗運으로 들어섰느니라." 대선생께서 말씀하시기를 "서리 내리는 가을하늘에 발생하는 괴질이 가히 두려우니라." 제자가 여쭙기를 "예로부터 '괴질이 서리를 만나면 그친다'고 하나이다." 대선생께서 이르시기를 "앞으로 닥칠 괴질병은 서리 내리는 가을철에 가히 두려우리라."

이중성, 『천지개벽경』 pp.237-238

지구는 인간이 결실하는 우주의 중심이요, 한반도는 지구의 중심이요, 전라도는 한반도의 중심입니다. 천지부모님이 전라도로 오셨고, 천지부모님의 적장자 단주도 전라도로 왔습니다. 증산상제님은 전라도 고부땅으로, 고수부님은 전라도 담양땅으로 인신출세하셨고, 단주는 전라도 진산땅으로 인신출세했습니다. 후천에는 전라도 모악산을 중심으로 한 장광 팔십 리에, 태을도 대시국의 수도가 들어섭니다.

증산상제님의 천지공사와 고수부님의 신정공사와 단주의 성사재인으로 상생의 태을세상이 열립니다. 상생의 태을세상을 앞두고 북사도 전란과 남군산 병겁이 터집니다. 이마두가 천상에서 주도한 기독교 현대문명의 빛과 그림자가 미국과 소련에 의해 한반도에 유입되어 대한민국과 북조선으로 건국되어 대결하다가, 한반도 이익을 둘러싼 미국과 중국의 생사를 건 패권경쟁의 결과입니다.

한반도는 전 인류의 독기와 살기가 폭발하는 최후의 전란터요, 병겁터입니다. 상극세상의 병폐가 가장 처음으로 곪아 터지는 곳도 한반도요, 상생세상의 새살이 처음으로 돋아나는 곳도 한반도입니다. 전라도는 천지부모님과 적장자가 인신출세한 한반도의 중심이기에, 급살병이 처음으로 발병합니다. 급살병으로 전라도가 뒤집히고, 이어서 한반도가 뒤집히고 전 세계가 뒤집힙니다.

8
지금은 태을시대, 한반도 급변사태

칠월에 종도들을 데리고 익산 주산 부근 만성리萬聖里 정춘심의 집에 이르사, 중옷을 지어서 벽에 걸고 사 명당四明堂을 외우시며 "산하대운을 돌리고 또 남조선배 도수를 돌린다" 하사, 이레 동안을 방에 불을 때지 아니하시고 춘심을 명하사 소머리牛頭 한 개를 삶아서 문 앞에 놓은 뒤에 "배질을 하여 보리라." 하시고, 정성백을 명하사 중옷을 부엌에 불사르시니 문득 뇌성이 고동소리와 같이 나며 석탄연기가 코를 찌르며 온 집안 도량이 큰 풍랑에 흔들리는 배 속과 같아서, 온 집안에 있는 사람들이 모두 혼도하여 혹 토하기도 하고 혹 정신을 잃으니, 이때에 참석한 사람은 소진섭, 김덕유, 김광찬, 김형렬, 김갑칠, 정춘심, 정성백 및 그 가족들이라. 김덕유는 문밖에서 꺼꾸러지고 춘심의 가권들은 각기 그 침실이나 행기하는 곳에서 혼도하고, 갑칠은 인사불성이 되어 숨을 통하지 못하거늘 상제님 청수를 갑칠의 입에 흘려 넣으시며 부르니 곧 일어나는지라. 차례로 청수를 얼굴에 뿌리기도 하고 혹 먹이기도 하시니 모두 정신을 회복하더라. 상제님 가라사대 "역사를 하느라고 애를 썼으니 밥이나 제때에 먹어야 하리라." 하시고 글을 써서 갑칠을 주어 부엌에 사르라 하시거늘, 갑칠이 부엌에 이르니 성백의 아내가 부엌에 혼도하였더니라. 갑칠이 급히 글을 사르니 곧 회생하여 밥을 지어올리는지라. 상제님 밥을 많이 비벼 한 그릇에서 여러 사람이 함께 먹게 하시며 가라사대 "이것이 불사약이니라." 모든 사람이 그 밥을 먹은 뒤에 정신이 맑아지고 기운이 완전히 회복되니라. 김덕유는 폐병으로 중기에 이르렀던바 이로부터 완전히 나으니라. 상제님 가라사대 "이렇게 허약한 무리들이 일을 재촉하느냐. 육정육갑六丁六甲을 쓸어들일 때에는 살아날 자가 적으리로다." 하시니라.

『대순전경』 pp.193-194

세상에는 보이지 않는 모습을 보는 사람이 있고, 들리지 않는 소리를 듣는 사람이 있습니다. 마음으로 보여지는 모습이요, 마음으로 전해지는 소리입니다. 하늘에는 미리 조짐을 보이는 상이 있고 수가 있습니다. 하늘의 모습을 먼저 보고 하늘의 소리를 먼저 듣는 사람이, 하늘과 통하는 선통자입니다. 하늘이 명을 내리면, 신이 작업을 하고 사람이 움직입니다. 북사도 전란과 남군산 병겁이 점점 현실화되고 있습니다. 천하가 도탄에 빠지면 도로써 구해내는 법입니다. 병란병란의 천하동변 운수에 천지부모님이 내려주신 천직은, 태을도로 천하창생을 살려내어 통일하는 의통입니다.

마음을 타고 천지소식이 전해집니다. 천지부모님은 태을궁의 마음문만을 열어놓고 천하창생들의 마음만을 살펴보고 계십니다. 태을로 원시반본하는 후천개벽기에 천지부모님의 마음과 이심전심되어, 보이지 않는 모습을 보고 들리지 않은 소리를 들으며, 의통을 직업으로 삼은 사람이 태을도인입니다. 증산상제님께서는 "지금은 태을도인으로 포태되는 아동의 운수이니, 태을도를 받드는 태을도인이 되는 그날이 그 사람의 후천인생에서 한 살이 되느니라."고 말씀하셨습니다. 어서 태을도에 입도하여 태을도인이 되어야 합니다. 태을도 방방곡곡, 태을도인 방방곡곡, 태을주 방방곡곡입니다.

9
통일시대 통일주역

하루는 양지에 이십사 방위자二十四方位字를 둘러쓰시고, 중앙中央에 혈식춘추도덕군자血食春秋道德君子라 쓰신 뒤에, 가라사대 "천지가 간방艮方으로부터 시작되었다 하나 그것은 그릇된 말이요, 이십사 방위에서 한꺼번에 이루어졌느니라." 하시고 또 가라사대 "이 일은 '남조선 배질'이라. 혈식천추도덕군자의 신명이 배질을 하고 전명숙全明淑이 도사공이 되었느니라. 이제 그 신명들에게 어떻게 하여 만인에게 앙모를 받으며 천추에 혈식을 끊임없이 받아오게 된 까닭을 물은즉, 모두 일심一心에 있다고 대답하니, 그러므로 일신을 가진 자가 아니면 이 배를 타지 못하리라." 하시고 모든 법을 행하신 뒤에 불사르시니라.

『대순전경』 pp.266-267

시대를 앞서가는 사람이 선구자입니다. 운수를 이끌어가는 사람이 선도자입니다. 앞날을 개척해가는 사람이 선각자입니다. 분단시대가 마감되고 통일시대가 열리고 있습니다. 한반도에 의통醫統 통일의 새 역사가 도래하고 있습니다. 통일시대의 선구자가 필요한 때입니다. 통일운수의 선도자가 나와야 할 때입니다. 통일정치의 선각자가 출현할 때입니다. 천하가 도탄에 빠지면 도로써 구해내고, 천하가 혼란에 휩싸이면 새로운 나라가 선포됩니다.

태을도와 대시국입니다. 증산상제님께서는 삼계대권을 갖고 신명을 조화하여, 한반도를 중심으로 태을도 대시국이라는 세계통일정권시대를 여는 천지공사를 보셨습니다. 하늘의 명이 있으면 신명이 움직이고, 신명이 움직이면 인간이 역사합니다. 한반도는 지구의 중심지입니다. 천리天理가 그렇고, 지기地氣도 그렇고, 인사人事도 그렇습니다. 증산상제님께서는 천리를 이화하고 지기를 수렴하여, 인사로 한반도에 태을도 대시국이 건설되도록 천지도수를 짜셨습니다.

유불선서도가 각기 유토피아의 꿈을 꿨습니다. 그 꿈이 대동세계요, 극락정토요, 도화낙원이요, 지상천국이었습니다. 이마두 신부가 천상에서 유불선서도의 문명신과 도통신을 데리고 기독교 현대문명으로 지상천국을 시도했습니다. 그러나 기독교 현대문명은 신도를 무시하고 인간의 교만과 폭력성을 키워, 한반도에 유입된 기독교 현대문명의 빛과 그림자인 자유민주주의와 공산전체주의의 충돌로 전 세계 인류를 진멸지경에 몰아넣게 되었습니다.

기독교 현대문명의 빛과 그림자인 자유민주주의와 공산전체주의를 타고 한반도에 집결된 인간의 독기와 살기가 마침내 부딪치고 소용돌이쳐, 미중패권과 남북대결의 극한점에서 북사도 전란과 남군산 병겁으로 폭발합니다. 동란이 있으면 정란이 있고, 병이 있으면 약이 있는 법입니다. 지금은 상극의 금수시대를 마감하고 상생의 태을시대를 여는 의통정치를 해야 할 때입니다. 통일대도 태을도요, 통일나라 대시국이요, 통일주역 태을도인입니다.

10
평양전란 군산병겁

어느 때 신정공사를 베푸시며 선포하시니 이러하시니라.

"수지자웅이라 누가 알 것이며

오지자웅이라 이를 누가 알리요

희고 검은 것을 그 누가 알 것인가

지지자는 지지하고 부지자는 부지로다

삼팔목이 들어서 삼팔선이 왠일인고

삼일이 문을 여니 북사도가 전란이라

어후하니 후닥딱

번쩍하니 와그락

천하가 동변이라

운수 보소 운수 봐

질병목의 운수로다

천지조화 이 아닌가

단주수명 우주수명

지기금지원위대강" 하고 창하시더라.

『선도신정경』 pp.150-151

하늘에서는 모두 죽이는 법은 없습니다. 동란이 있으면 정란이 있고, 병이 있으면 약이 있습니다. 천하가 도탄에 빠지면 새로운 도가 나오고, 천하가 혼란에 빠지면 새로운 나라가 선포됩니다. 그 도가 태을도 요, 그 나라가 대시국입니다. 기독교 현대문명의 빛과 그림자인 자유민주주의와 공산전체주의가 지구의 혈자리인 한반도에 유입되어 미중패권과 남북대결의 극한점에서, 북사도 전란과 남사도 병겁이 남북에서 마주 터집니다.

북사도 전란의 중심지가 평양이요, 남사도 병겁의 중심지가 군산입니다. 북사도 전란과 남군산 병겁으로 공산당 북조선과 기독교 대한민국이 동시에 문 닫고, 태을도 대시국이 통일한국 세계일가통일정권으로 새롭게 출범합니다. 증산상제님께서는 우리에게 '일심으로 신앙하며 마음을 잘 닦아, 도를 펴서 공덕을 세우고 덕 닦기에 힘쓰며, 천하가 한 가족이 되는 천하일가 천지공정에 참여하라.'고 신신당부하고 계십니다.

11
금강산 겁살과 북학주 삼대

> 하루는 증산상제님께서 전주 백남신을 거느리고 전주 남문루각南門樓閣에 오르시더니, 종이에 글을 써서 불사르시고 한참 계시다가 또 종이에 글을 써서 불사르시고 한참 계시다가 또 종이에 글을 써서 불사르시니, 풍채가 잘생긴 호걸 장부가 증산상제님 앞에 대령하여 고개를 공손히 숙이고 살려주시기를 간청하며 서 있더라. 그를 보시고 호령하여 가라사대 "한 번 부르면 즉시 올 것이지, 어찌하여 세 번씩 부르도록 대령치 않으니 무슨 곡절이뇨." 하시니 그 사람이 아무 대답을 못 하고 서 있을 뿐이더라. 이때에 증산상제님께서 숯검정을 줏어들어 그 사람의 양미간에 먹점을 찍으신 후 "가라." 쫓으시니, 그 사람이 말없이 물러가더라. 이 공사를 끝내고 누각을 내려오시어 가라사대 "그는 북학주니라. 그를 그대로 두면 앞으로 무고한 창생을 무수히 죽이겠기에, 천도에서 벌함이니라." 하시니라.
>
> 『삼계회통지』 p.214

지금 금강산 겁살을 띤 공산주의자들이 한반도를 중심으로 마지막 해원판을 벌이고 있습니다. 금강산 일만이천 봉에 껴 있는 상극의 겁살을 해소해야, 지구상에 상생의 태을시대가 열립니다. 금강산 일만이천 봉 겁살이 소련과 중국과 북한을 공산화시켰습니다. 증산상제님께서는 금강산 일만이천 봉의 겁살을 레닌의 볼셰비키 일만이천 공산당원에 붙여, 러시아 공산화에 이어 중국을 공산화시키고 마침내 한반도에까지 진출하게 하셨습니다.

레닌의 볼셰비키 후예들인 공산주의자들이 일제시대에 한양에 들어왔습니다. 해방 직후 남한에서는 박헌영이 조선인민공화국을 선포하였으나 미군정에 의해 불법화되어 월북하였고, 김일성은 소련의 사주를 받아 북한을 공산화시켰습니다. 1948년 이후 70여 년 동안, 이승만에 의해 건국된 남학인 예수 기독교 자유민주주의 대한민국과 김일성에 의해 건국된 북학인 마르크스 공산전체주의 조선민주주의인민공화국이 대치해오고 있습니다.

초대 북학주 김일성 이후, 김정일-김정은으로 삼대 세습이 이루어졌습니다. 삼대 북학주인 김정은은 중국 공산당의 지원과 남한 남로당 세력과 합세하여, 대한민국 공산화를 위한 온갖 정치공작을 하고 있습니다. 회광반조의 마지막 몸부림입니다. 북한 공산당은 소련 공산당 멸망 70년 수에 걸렸습니다. 금강산 겁기의 마지막 종착지인 평양에서, 미중패권 경쟁 속에서 폭발하는 북사도 전란으로 북학주 3대의 운명도 막을 내립니다.

12
코로나 창궐, 급살병 폭발

어느 날 종도 수십 인을 거느리고 금산사에 가시어 금산사 서전(西殿, 대장전) 사이에 있는 십자로에서 공사를 행하실 새, 느닷없이 손사풍巽巳風을 불리시며 상제님께서 스스로 잠깐 열병을 앓으시더니 가라사대 "이만하면 사람을 고쳐 쓸만 하다." 하시고, 이어서 손사풍을 더욱 세게 불리시며 가라사대 "나의 도수는 더러운 병病 속에 들어 있노라." 하시니, 그때에 김갑칠이 곁에 있다가 물어 가로대 "병든 자를 보시면 그 병을 낫게 하여 주시며 앞으로 좋은 운수가 온다고 하시더니, 오늘은 어찌하여 더러운 병 속에 앞날의 운수가 있다고 하시나이까?" 하며 의심됨을 사뢰니, 대답하여 가라사대 "예로부터 속담에 이르기를 '병 주고 약 준다'는 말을 못 들었더냐. 내 일이 그와 같으니라." 또 가라사대 "이 뒤에 이름 모를 괴이한 병이 침입할 때가 있으리니, 그때에는 사람들의 죽음이 새비떼(새우떼) 밀리듯 하리라." 하시었다 하니라.

정영규, 『천지개벽경』 p.326

천지부모님께서는 상극인간을 상생인간으로 재생신시키는 인간개조 사업을 하셨습니다. 천지부모이신 증산상제님과 고수부님께서는, 독기와 살기로 살아온 상극의 금수세상을 마감하고 생기와 화기로 살아갈 상생의 태을세상을 여는 천지공사와 신정공사로 모사재천하셨습니다.

지금은 상생의 태을세상이 열리는 후천개벽기입니다. 후천개벽기에는 반드시 독기와 살기의 상극인간을 대청소하는 대전란과 대병겁이 동시에 발생합니다. 상생의 마음종자를 추리는 최종심판이 급살병입니다. 급살병으로 상극인간을 정리해야 상생의 태을세상이 열립니다.

전 인류의 독기와 살기가 지구의 혈자리인 한반도에 모여들어 북사도 전란과 남군산 병겁으로 폭발합니다. 북사도 전란의 중심지가 평양이요, 남사도 병겁의 중심지가 군산입니다. 태풍도 미풍에서 시작되고, 강진도 미진에서 시작됩니다. 2019년에 시작된 코로나19가 점점 커져 여러 가지 변이 과정을 거치고, 각종 특이한 질병에 이어 천연두가 발생하고, 마침내 급살병으로 폭발합니다. 미중패권이 점점 강도를 더해가는 가운데, 코로나19가 전 세계적으로 창궐하고 있습니다. 천하가 도탄에 빠지면 도로써 구해내는 법입니다. 그 도가 태을도요, 그 도인이 태을도인이요, 그 법방이 태을주입니다.

13
통일시대 더 큰 정치

무신(1908)년 겨울에 증산상제님께서 와룡리에 계시며 천지대신문을 여시고 천지대공사를 하시니라. 천지신명에게 칙령을 내리시기를 "지금 천하가 난국에 휩싸였는데, 장차 만세를 이어 내려갈 대도정사를 세우려면 황극신皇極神을 옮겨와야 하리라. 황극신이 동쪽 조선으로 옮겨올 인연은 청주 만동묘가 창건됨으로부터 비롯되니라. 이제 광서제에 응기한 황극신을 초래하리라." 제자들로 하여금 매일 밤 시천주를 읽게 하시고 법을 베푸시니, 하루는 "이제 광서제의 명을 거두리라." 하시며 무릎을 치시며 크게 소리치시어 "이제 광서제의 운을 거둔다." 명하시니라. 조금 있다가 증산상제님께서 말씀하시기를 "운상하는 소리를 '어로 어로御路 御路'라 하나니, 어로난 군왕의 행차를 말함이라. 이제 황극신이 조선으로 옮겨오느니라." 이때에 증산상제님께서 윗자리에 단정히 앉으시고, 제자들로 하여금 명을 받들어 증산상제님 앞에 줄을 서서 백의군왕백의장상이 조칙을 받드는 공사를 보시니, 위의가 엄숙하니라. 제자가 상제님께 여쭈기를 "황극신이 증산상제님의 명을 받들어 조선으로 들어오며 광서제가 죽으니, 그 이치가 무엇입니까." 증산상제님께서 말씀하시기를 "청나라의 제운이 광서제에서 끝나게 되느니라." 제자가 여쭈기를 "황극신이 조선으로 들어오면 천하의 대중화가 우리나라가 되는데, 청나라는 장차 어떻게 되나이까." 증산상제님 이르시기를 "내가 거하는 조선이 천하의 대중화국이 되느니라. 청나라는 장차 나뉠 것이니라."

이중성, 『천지개벽경』 pp.497-498

통일시대에 더 큰 정치를 알아야 합니다. 신도세계에서 정해진 천지도수가 한 치의 오차도 없이, 인간세상에서 대한민국을 중심으로 돌아가고 있습니다. 증산상제님은 100여 년 전에 천지공사를 통해서 '중국에서 조선으로' 세계의 중심을 옮기셨습니다. 증산상제님이 일본과 미국을 조선의 일꾼으로 삼으셨기에, 미국과 일본은 신인합일로 증산상제님의 천명을 받들어, 주도면밀하게 조선을 중국에서 독립시켜 대한민국을 세계 상등국으로 만드는 역사를 진행해 왔습니다.

한반도는 지구의 혈 자리로, 모든 문명이 들어와 열매 맺는 곳입니다. 기독교 현대문명의 빛과 그림자가 한반도에 유입되었는데, 북한은 중국이 한미일 삼각동맹을 바탕으로 대한민국 주도의 한반도 통일을 방해하기 위해 심어놓은 위성국가입니다. 중국 공산당은 남북 공산당과 손을 잡고, 대한민국을 공산화하여 중국 대중화시대를 연장하기 위한 중국몽을 추진하고 있습니다. 대중화 이념이 공자의 유교에서 마르크스의 공산주의로 바뀌었을 뿐입니다.

금강산 일만이천 봉의 겁기를 받은 일만이천 레닌 볼셰비키 후예들인 중국과 남북 공산당의 마지막 해원판이 북사도 전란과 남군산 병겁으로 귀결됩니다. 천하가 도탄에 빠지면 새로운 도가 나오고, 천하가 혼란에 휩싸이면 새로운 나라가 출범합니다. 태을도와 대시국입니다. '기본이 난이면 말치자는 비의'라고 했습니다. 이 도도한 천하대세를 거스르는 행동은 역천이 됩니다. 지천하지세자는 유천하지생기하고, 암천하지세자는 유천하지사기입니다.

14
기독교 지상천국과 현대문명의 대재앙

"이 세상에 조선과 같이 신명대접을 잘하는 곳이 없으므로, 신명들이 그 은혜를 갚기 위하여 각기 소원을 따라 꺼릴 것 없이 공궤하리니, 도인들은 아무 거리낌 없이 천하사만 생각하게 되리라."

『대순전경』 p.315

지금 한반도에는 미중전쟁으로 일촉즉발의 전운이 감돌고 있습니다. 한반도는 미일중러 4대 강국이 패권경쟁을 하는 주 무대입니다. 일청전쟁과 일러전쟁의 주 무대가 한반도였고, 미소가 부딪친 6.25의 주무대도 한반도였습니다. 미중전쟁의 주 무대도 한반도가 됩니다. 한반도는 지구의 중심이자 혈자리이기에, 한반도를 차지하는 나라가 세계패권의 주인공이 됩니다. 미중전쟁은 동서의 대결이면서 이념의 대결입니다. 선천 상극세상을 마감하는 인류 최후의 전쟁이 한반도에서 벌어집니다.

북사도 전란이 핵무기를 사용하는 세계전쟁으로 발전하면 전 인류를 대참화로 몰아넣기에, 증산상제님은 남군산 병겁으로 막아내도록 하셨습니다. 이마두 신부가 천상에서 받아 내린 기독교 현대문명은 신도를 무시하고 인간의 교만과 폭력성을 키워, 인류의 전멸을 가져오게 했습니다. 기독교 현대문명의 빛과 그림자인 자유민주주의와 공산전체주의가 한반도 남북에 유입되어, 미중패권과 남북대결의 극한점에서 북사도 전란과 남군산 병겁으로 폭발합니다. 기독교 지상천국 현대문명의 대재앙입니다.

지운을 발음시켜 신명을 움직이면 인사가 이루어집니다. 증산상제님은 금강산 겁기를 해소시키기 위해 마르크스 공산주의와 레닌의 볼셰비키에 붙여, 러시아 공산혁명을 성공시켜 중국을 적화하고 북한을 점령하게 만들었습니다. 마르크스는 기독교의 부정적 유산을 이어받은 적그리스도인 것입니다. 이마두 신부가 기독교 지상천국을 꿈꾸며 주도한 기독교 현대문명은 산업혁명을 성공시켜 물질생활의 풍요와 첨단과학의 발전을 가져왔지만, 어두운 병폐인 마르크스 공산주의를 낳았습니다.

지금은 상생의 태을세상이 열리는 후천개벽기입니다. 상극의 유전은 전란과 병겁으로 귀결됩니다. 독기와 살기의 상극인간을 대청소하지 않고는 상생의 태을세상이 열리지 않습니다. 남북에서 마주 터지는 북사도 전란과 남군산 병겁은, 상극세상을 지배한 상극지리가 만들어낸 인간의 독기와 살기가 불러온 마지막 전쟁이요, 병겁입니다. 천하가 도탄에 빠지면 도로써 구해냅니다. 천지부모님의 모사재천과 단주의 성사재인으로, 태을도가 나오고 태을도인이 출세하여 태을주를 전하고 있습니다.

15
한미동맹 의통준비

　어떤 사람이 피난避亂 곳을 물으니, 가라사대 "이때는 일본 사람을 잘 대접하는 것이 곧 피난이니라." 가로대 "무슨 연고니이까." 가라사대 "일본 사람이 서방 백호 기운을 띠고 왔나니, 숙호충비宿虎衝鼻하면 상해를 받으리라. 범은 건드리면 해를 끼치고 건드리지 아니하면 해를 끼치지 아니하며, 또 범이 새끼 친 곳에는 그 부근 동리까지 두호하나니, 그들을 사사로운 일로는 너무 거슬리지 말라. 이것이 곧 피난하는 길이니라. 청룡靑龍이 동하면 백호白虎는 물러가나니라."

『대순전경』 pp.135-136

　천주교 신부와 개신교 선교사들이 과학과 의료기술을 갖고 기독교 근대문명을 조선에 들여왔습니다. 물질을 부흥시키는 것도 성인의 역할이요, 정신을 부흥시키는 것도 성인의 역할입니다. 서양의 성인 역할은 물질을 풍족하게 하여 인간의 삶을 윤택하게 하는 것이요, 동양의 성인 역할은 인간의 정신을 도약시켜 삶을 진리화하는 것입니다. 상극지리에 따른 인간의 독기와 살기로 인해, 서양 기독교의 물질 역사와 동양 유불선의 정신 역사가 이제 그 사명을 다하고, 지구의 혈자리인 한반도 남북에서 마주 터지는 북사도 전란과 남군산 병겁을 맞이했습니다.

　지금은 인간세상에서 하늘의 뜻이 결실되는 후천개벽입니다. 선천은 모사재천하는 신존시대였지만, 후천은 성사재인하는 인존시대입니다. 증산상제님께서는 "천天이 이기예以技藝로 여서인與西人하여 이복성인지역以服聖人之役하고, 천天이 이조화以造化로 여오도與吾道하여 이제서인지악以制西人之惡이니라."고 말씀하셨습니다. 이마두 신부가 천상에서 기독교 현대문명을 주도하여 지상천국을 실현하려고 노력했지만, 신도를 무시하고 인간의 폭력성과 교만심을 길러내 신계와 인계를 혼란케 만들어, 인류전멸이라는 대재앙을 초래했습니다.

기독교 현대문명의 정수가 미국에 있습니다. 기독교 현대문명에는 자유민주주의라는 빛과 공산전체주의라는 그림자가 있습니다. 1991년 소련 공산당이 멸망한 이후, 중공이 공산전체주의 그림자의 종주국이 되었습니다. 중국에서 꽃피운 유불선·유심론과 정신문명의 정수는 모택동 공산당에 의해 사라지고, 유물론 계급투쟁의 껍데기만 남았습니다. 기독교 현대문명의 빛과 그림자가 한반도에 유입되어, 미중패권과 남북대결의 극한점에서, 북사도 전란과 남군산 병겁으로 폭발합니다. 하느님을 인정하는 한미동맹으로 의통준비를 할 수밖에 없습니다.

시천주는 이미 행세되었으니

태을주를 쓰라

3장
시천주 봉태을

"바둑도 한 수만 높으면 이기나니, 남모르는 공부를 하여두라. 이제 비록 장량 제갈이 두름으로 날지라도 어느 틈에 끼인지 모르리라. 선천개벽 이후로 수한도병의 겁재가 서로 번갈아서 그칠 새 없이 세상을 진탕하였으나 아직 병겁은 크게 없었나니, 이 뒤에는 병겁이 온 세상을 엄습하여 인류를 전멸케 하되 살아날 방법을 얻지 못하리니, 모든 기사묘법을 다 버리고 의통醫統을 알아두라. 내가 천지공사를 맡아봄으로부터 이 땅에 모든 큰 겁재를 물리쳤으나, 오직 병겁은 그대로 두고 너희들에게 의통을 전하여 주리니, 멀리 있는 진귀한 약품을 중히 여기지 말고 순전한 마음으로 의통을 알아두라. 몸 돌이킬 겨를이 없이 홍수 밀리듯 하리라."

『대순전경』 p.313

1
옥경의 비밀

> 어느 날 공사를 보시며 가라사대 "사람이 저의 인격을 확실히 찾아 알아야 우주 간에 자기가 실지로 있는 것일진대, 하물며 너의 인생까지 버리고 다른 타물에 있다고 의지하랴." 또 가라사대 "옥경玉京이란 비밀한 속에 있지 않으니, 그 규모를 네 눈앞에 열어 보이리라. 이제 신비 속에서 깊숙이 두어둔 옥경의 비밀한 세계를 밝혀 천하에 널리 공개하려 하니라." 또 가라사대 "선경의 자물쇠를 너희들이 붙잡고 있느니라." 하시었다 하니라.
>
> 정영규, 『천지개벽경』 pp.331-332

지금은 옥경의 비밀이 드러나는 후천개벽기입니다. 시천주 봉태을의 태을시대가 열리는 후천개벽기에, 옥경의 비밀인 시천주와 봉태을의 실체가 드러납니다. 시천주의 주인인 증산상제님이 인간세상에 오시어, 진리와 생명의 뿌리인 태을 천상원군의 존재를 일러주시며 태을주를 전해주셨습니다.

인간은 본래 태을도를 닦아 시천주 봉태을 하는 태을도인이었습니다. 독기와 살기가 그 길을 막았습니다. 누구나 독기와 살기를 풀어 없애기만 하면, 태을도를 만나 시천주 봉태을 하는 태을도인으로 재생신 될 수 있습니다. 증산상제님과 이심전심되는 시천주의 맥을 따라 봉태을의 맥이 이어집니다.

　옥경의 주인이신 증산상제님에 의해 옥경의 비밀이 만천하에 공개되었습니다. 증산상제님께서는 "지금은 태을도인으로 포태되는 아동의 운수이니, 태을도를 받드는 태을도인이 되는 그날이 그 사람의 후천인생에서 한 살이 되느니라."고 말씀하셨습니다. 선경의 자물쇠를 우리가 갖고 있습니다.

2
훔치훔치, 태을세상이 열린다

> "이때는 천지성공시대라. 서신西神이 명을 맡아서 만유萬有를 지배하여 뭇 이치를 모아 크게 이루나니, 이른바 개벽이라. 만물이 가을바람에 혹 말라서 떨어지기도 하고 혹 성숙하기도 함과 같이, 참된 자는 큰 열매를 맺어 그 수가 길이 창성할 것이요, 거짓된 자는 말라 떨어져 길이 멸망할지라. 그러므로 혹 신위神威를 떨쳐 불의를 숙청하며 혹 인애仁愛를 베풀어 의로운 사람을 돕나니, 삶을 구하는 자와 복을 구하는 자는 힘쓸지어다."
>
> 『대순전경』 pp.305-306

태을세상이 열립니다. 훔치훔치, 태을주는 태을세상을 여는 주문입니다. 태을은 선천 오만 년 동안 인간의 독기와 살기에 가려 실체를 드러내지 않았던 도비道祕 중의 도비입니다. 삼계의 주재자이신 증산상제님께서 인간세상에 오시어 태을도를 닦아 최초의 태을도인이 되셨습니다. 태을화권을 가지시고, 태을도를 받드는 태을도인을 출세시켜 태을주로 태을세상을 여는 천지공사를 보셨습니다.

태을은 생명과 진리의 뿌리입니다. 인간은 태을에서 화생되어 분열발달하며 신계와 인계를 윤회환생하다가, 후천개벽기가 되면 마음속에 받아 나온 태을을 밝혀 태을로 원시반본합니다. 태을도는 도의 원형으로서 원시반본의 도입니다. 태을도인은 사람의 참모습으로서 원시반본의 사람입니다. 지금은 천지인신이 태을로 원시반본하는 후천개벽기입니다. 훔치훔치, 태을일통 태을세상이 열립니다.

운수에 맞추지 못하면 추풍낙엽이 됩니다. 운수는 좋건마는 목 넘기기가 어렵습니다. 상생운수 따라 태을로 원시반본하는 후천개벽기에는 반드시 대전란과 더불어 급살병이 발발합니다. 인간의 독기와 살기가 불러온 대전란이요, 급살병입니다. 상생의 태을세상을 열기 위한 마지막 관문이 급살병이기에, 천지가 인간의 마음을 심판하여 천심자를 골라 태을을 추수합니다.

한반도가 지구의 핵이기에, 상생의 인간종자를 추리는 급살병이 발발합니다. 인간들이 태을도를 통해 태을도인으로 재생신되어야 급살병에서 목숨을 부지합니다. 급살병에서의 죽음은 영혼이 흩어지는 영원한 죽음입니다. 증산상제님께서는 "지금은 태을도인으로 포태되는 아동의 운수이니, 태을도를 받드는 태을도인이 되는 그날이 그 사람의 후천인생에서 한 살이 되느니라."고 말씀하셨습니다.

3
시봉侍奉의 참역사가 복원된 태을세상

> 대선생께서 말씀하시길 "나는 마두馬竇를 명하여 서도의 종장으로 삼
> 고, 수운水運을 명하여 선도의 종장으로 삼고, 진묵震默을 명하여 불
> 도의 종장으로 삼고, 회암晦庵을 명하여 유도의 종장으로 삼아, 단점
> 을 버리고 장점을 취하고 모든 좋은 점만을 종합하나니, 내가 세우는
> 가르침이 천하만세에 유일한 대도이니라."
>
> 이중성, 『천지개벽경』 p.43

    천지부모이신 강증산 상제님과 고판례 수부님이 태을도인들을 통해 세상 속으로 나오고 계십니다. 우리 마음속에 받아 나온 태을을 맑히고 밝혀 태을세상을 여시기 위해, 우리 곁으로 다가오고 계십니다. 심중의 직통길을 타고 흐르는 태을이기에, 마음을 열면 천지부모님을 만날 수 있습니다. 태을도를 통해 마음 닦고 태을주를 읽어 독기와 살기를 풀어 없애야 태을세상에 들어갈 수 있습니다.

    마음심판·천심자선택·태을추수의 급살병입니다. 마음이 관건이요, 시천이 중심이요, 태을이 핵심입니다. 인간은 본래 태을도를 닦아 시천주 봉태을 하는 태을도인이었습니다. 독기와 살기가 그 길을 막았습니다. 인간의 참역사는 진리와 생명의 주재자와 본원을 모시고 받드는 시봉侍奉의 역사입니다. 시천주의 경敬을 되찾고 봉태을의 효孝를 회복해야,

시봉의 참역사가 복원된 태을세상이 됩니다.

　소리없이 다가오고 있는 급살병입니다. 인류가 이제까지 들어보지도 겪어보지도 못한 초유의 급성 괴질입니다. 전란戰亂과 더불어 병란病亂이 발생합니다. 인간의 독기와 살기가 불러온 대재앙입니다. 경천동지할 천하동변의 운수입니다. 천하가 도탄에 빠지면 도로써 구해내는 법입니다. 급살병에서 전 인류를 살려낼 태을도가 나왔습니다. 삼생의 인연과 조상의 음덕으로 태을도인이 됩니다.

　태을도 도제천하 의통성업입니다. 태을도로 천하창생을 태을도인으로 재생신시켜 목숨을 구해냅니다. 증산상제님께서는 "지금은 태을도인으로 포태되는 아동의 운수이니, 태을도를 받드는 태을도인이 되는 그날이 그 사람의 후천인생에서 한 살이 되느니라."고 말씀하셨습니다. 태을도를 만나야 살 길이 열립니다. 급살병에 대비한 '시천주 속육임 태을주 수꾸지'의 태을도 천지공정입니다.

4
신령과 기화

> 전주에서 김석을 입교시킬 때에, 광찬과 형렬을 좌우에 세우시고 청수를 그 앞에 놓고 청수를 향하여 증산상제님을 뵈온 듯이 4배를 하게 하시고, 두 사람으로 하여금 태을주를 중이 염불하듯이 스물한 번을 읽게 하신 뒤에, 김석으로 하여금 읽게 하시니라.
>
> 『대순전경』 p.353

천지도수 따라 시천주 봉태을의 태을시대가 열리고 있습니다. 천주를 잘 모시고 태을을 잘 받들어야 합니다. 태을시대가 열리는 후천개벽기에, 증산 천주님이 인간세상에 오시어 태을 천상원군의 존재를 처음으로 밝혀주셨습니다. 수운은 시천주 시대를 준비했고, 증산은 천주로 오시어 봉태을 시대를 선포했고, 단주는 시천주 봉태을 시대를 현실화시킵니다. 천지인 삼계는 태을을 중심하여 태을일맥으로 연결되며, 태을궁에 태을을 주관하는 천주님이 계십니다. 증산상제님이 태을도로 태을화권을 가지고 단주를 내세워 태을세상을 주재하십니다.

선천 상극의 금수세상이 마감되고 시천주 봉태을의 후천 상생의 태을시대가 개막됐습니다. 증산상제님이 천지공사로 확정하셨고, 고수부님이 이를 확인하는 신정공사를 보셨고, 단주가 천명을 받들어 성사재인해 갑니다. 인간은 본래 태을도를 닦아 시천주 봉태을 하는 태을도인이었습니다. 인간은 누구나 마음속에 시천 태을을 받아 태어나 시천주 봉태을 하는 태을도인입니다. 독기와 살기가 그 길을 막았습니다. 독기와 살기로 천심이 타락하여 태을이 고갈되고 태을맥이 끊겨, 천주의 품성을 잃어버리고 태을신성과 생명력이 없어졌습니다.

지금은 천하창생들이 천주님을 만나 태을도를 통해 시천주 봉태을을 하는 태을도인으로 재생신되어, 천주의 품성을 회복하고 태을신성과 생명력을 회복하여, 태을로 원시반본하는 후천개벽기입니다. 시천주 봉태을의 모범을 보이신 분이 증산상제님이십니다. 증산상제님은 인간세상에 오시어 처음으로 태을도를 닦아 시천주 봉태을의 태을도인으로서 인간완성을 이루어, 태을화권을 가지고 시천주 봉태을의 태을시대를 여는 천지공사를 보셨습니다. 지금은 천하창생들이 증산상제님을 따라 인간의 진면목과 참모습을 찾아 인간완성을 이루는 때입니다.

인간의 명줄은 한울에 달려 있습니다. 한울을 떠나면 육과 영이 영원히 사라지게 됩니다. 그 한울이 태을입니다. 태을은 진리와 생명의 원천이요 뿌리이기에, 태을은 한울 중의 한울입니다. 천주이신 증산상제님은 태을을 용사하는 인격적인 한울님이요, 하늘 으뜸가는 임금이신 태을 천상원군은 천주님을 통해 역사하는 비인격적인 한울님입니다. 인간은 천주의 품성을 가지고 태을에서 화생되어 나와 신계와 인간계를 윤회환생하다가, 후천개벽기에 태을도를 통해 시천주 봉태을을 하는 태을도인으로 열매 맺어 태을로 원시반본하게 됩니다.

인간이 금수와 다른 것은 천주의 품성을 가지고 태을신성과 생명력이 있는 존귀함과 신령스러움이 있기 때문입니다. 인간은 천주성과 태을성을 가진 천지의 진액이요, 열매입니다. 인간이 성숙되어 열매 맺는 것은 천지가 성숙되어 열매 맺는 것과 같습니다. 천지는 인간을 태을도인으로 농사짓는 인간 농사꾼입니다. 인간은 시천주 봉태을 하는 신령스런 존재이기에, 마음속에 증산 상제님을 잘 모시고 태을 천상원군을 잘 받들어 내유신령內有神靈이 되어야, 천주님과 태을의 기운을 잘 용사하는 외유기화外有氣化의 태을도인이 될 수 있습니다.

5
태을도의 두 기둥

기유(1909)년 정월 열나흗날 밤에 덕두리 최덕겸의 집에 계실 때, '새올新羅'이라 써서 불사르시고 이튿날 덕겸을 명하사 "새올 최창조에게 가서 전도傳道하라." 하시니 덕겸이 그 방법을 물은대, 가라사대 "창조의 집 조용한 방을 치우고 청수 한 동이를 길어다 놓고 수도자들을 모아 놓고, 수저 마흔아홉 개를 동이 앞에 놓고 시천주侍天呪를 일곱 번 읽은 뒤에, 수저를 모아 잡아 쇠소리를 내며 닭 울기까지 행하라. 만일 닭 울기 전에 잠든 자는 죽으리라." 덕겸이 명을 받고 창조의 집에 가서 명하신 대로 낱낱이 행하니라. 보름날 증산상제님께서 원일을 데리고 백암리로부터 새올에 이르사, 원일에게 명하사 백암리에서 가져온 당성냥과 주지周紙를 덕겸에게 전하시니, 주지는 '태을주太乙呪'를 쓴 것과 또 '천문지리 풍운조화 팔문둔갑 육정육갑 지혜용력'이라 쓴 것이라라.

『대순전경』 pp.359-360

증산상제님은 시천주 봉태을의 태을시대를 선포하셨습니다. 태을시대는 천주님을 모시고 태을을 받드는 시대입니다. 가가시천家家侍天이요, 가가태을家家太乙입니다. 태을은 진리와 생명의 뿌리이기에, 도의 원형은 태을도입니다. 유불선서도가 태을도에서 나와 태을도로 수렴됩니다. 인간은 태을에서 화생되어 나와 신명계와 인간계를 윤회환생하다가, 태을로 원시반본하는 후천개벽기에 태을도에 입도하여, 시천주 봉태을 하는 태을도인으로 재생신되어 태을로 원시반본하는 과정을 되풀이합니다.

　인간은 본래 태을도를 닦아 시천주 봉태을 하는 태을도인이었으나, 독기와 살기가 그 길을 막았습니다. 독기와 살기로 천심이 타락하여 천주의 품성을 잃고 태을의 발현을 막아 태을맥이 끊어졌습니다. 태을세상이 열리는 후천개벽기에 급살병이 발발합니다. 마음을 심판하여 천심자를 골라 태을을 추수합니다. 태을도의 마음줄을 꼭 잡고 부지런히 마음 닦고 태을주를 읽어 독기와 살기를 풀어 없애, 천주의 품성을 되찾고 태을신성과 생명력을 회복한 태을도인이 되어야 합니다.

　천주이신 증산상제님이 태을을 밝혀주시면서, 그 위격을 하늘 으뜸가는 임금인 '천상원군天上元君'이라고 말씀하셨습니다. 증산상제님은 인간세상에 오시어 태을도를 깨친 최초의 태을도인으로서, 태을화권을 가지고 고수부님을 정음정양의 반려자로 천지부모님이 되시어, 단주를 진리의 적장자로 앞장세워 천하창생들에게 태을도를 전하여, 시천주 봉태을 하는 태을도인으로 재생신시켜 세계일가 통일정권인 대시국 시대를 열어가도록 하셨습니다.

6
인간의 참모습

경석의 이번 전주길은 세무관과 송사할 일이 있어서 그 문권을 가지고 가는 길인데, 문권을 내어 뵈이며 가로대 "삼인회석三人會席에 관장官長의 공사를 처결한다 하오니, 청컨대 이 일이 어떻게 될지 판단하여 주사이다." 증산상제님께서 그 문권을 낭독하신 뒤에 가라사대 "이 송사는 그대에게 유리하리라. 그러나 이 송사로 인하여 피고의 열한 식구는 살 길을 잃으리니, 대인大人으로서는 차마 할 일이 아니니라. 남아男兒가 반드시 활인지기活人之氣를 띨 것이요, 살기殺氣를 띰이 불가하니라." 경석이 크게 감복하여 가로대 "선생의 말씀이 지당하오니, 이 길을 작파하나이다." 하고 즉시 그 문권을 불사르니라.

『대순전경』 pp.107-108

인류가 이제까지 전혀 경험해 보지 못한 새로운 세상이 열립니다. 인류가 상상하지 못했던 초유의 세상입니다. 그동안은 동물의 성정으로 살아왔던 금수대도술의 선천 상극세상이었지만, 앞으로 맞이할 후천 상생세상은 태을의 신성으로 살아가는 지심대도술의 태을세상입니다. 천지부모이신 증산상제님과 고수부님이 인간세상에 오시어 모사재천하여 천지도수를 짜셨고, 진리의 적장자인 단주가 천지도수를 성사재인하여 현실화합니다.

인간은 본래 태을도를 닦아 시천주 봉태을 하는 태을도인이었으나,

독기와 살기가 그 길을 막았습니다. 독기와 살기가 마음속에 받아 나온 시천 태을을 어둡게 하여, 천주의 품성을 잃어버렸고 태을신성과 생명력이 고갈되었습니다. 지금은 태을도를 받아들여 시천주 봉태을 하는 태을도인으로 재생신되는 후천개벽기입니다. 천지부모님은 천하창생들에게 태을도를 통해 본래의 참모습과 진면목을 회복하는 천재일우의 기회를 주셨습니다.

선천 상극지리에 따른 인간의 독기와 살기가 대전란과 급살병을 불러옵니다. 인간의 독기와 살기가 묻은 이성을 고도로 발달시킨 기독교 현대문명의 빛과 그림자인 자유민주주의와 공산전체주의가 지구의 혈자리인 한반도 남북에 유입되어, 미중패권과 남북대결의 극한점에서 북사도 전란과 남군산 병겁으로 폭발합니다. 남북에서 마주 터지는 북사도 전란과 남군산 병겁은 지심대도술의 태을세상으로 넘어가기 위한 마지막 관문입니다.

시천주 봉태을의 태을세상 맞이에 마음이 관건이요, 시천이 중심이요, 태을이 핵심입니다. 천지부모님을 모시고 태을 천상원군을 받드는 시천주 봉태을의 태을도인이 우주의 열매입니다. 천지는 일월을 왕래시키고 사시를 순환시켜, 인간을 시천주 봉태을의 태을도인으로 성숙시켜 추수하는 인간농사를 짓습니다. 지금은 대전란과 함께 발생하는 급살병으로 천하창생들의 마음을 심판하여, 천심자를 골라 태을을 추수하는 가을추수기입니다.

7
오만 년 만에 새 사람이 나온다

이날 대흥리 경석의 집에 이르사, 가라사대 "나의 이르는 곳을 천지에 알려야 하리라." 하시고 글을 써서 서쪽 벽에 붙이시니 문득 우뢰가 크게 일어나거늘, 상제님 "속하다." 하시고 그 글을 떼어 무릎 밑에 넣으시니 우뢰가 곧 그치는지라. 공우는 크게 놀래어 감복하고, 마을 사람들은 뜻밖에 일어나는 백일 뇌성을 이상히 여기니라. 우뢰를 거두시고 경석에게 물어 가라사대 "이 집에서 지난 갑오년 겨울에 세 사람이 동맹한 일이 있었느냐." 대하여 가로대 "그러하였나이다." 가라사대 "그 일로 인하여 모해자의 밀고로 너희 부친이 해를 입었느냐." 경석이 울며 가로대 "그러하였나이다."

또 가라사대 "너희 형제들이 그 모해자에게 큰 원한을 품어 복수하기를 도모하느냐." 대하여 가로대 "자식의 도리에 어찌 복수할 마음을 갖지 아니하오리까." 가라사대 "너희들이 복수할 마음을 품고 있음을 너의 부친이 크게 걱정하여 이제 나에게 고하니, 너희들은 마음을 돌리라. 이제는 악을 선으로 갚아야 할 때라. 만일 악을 악으로 갚으면 되풀이 되풀이로 후천에 악의 씨를 뿌리는 것이 되나니, 너희들이 나를 따르려면 그 마음을 먼저 버려야 할지니 잘 생각하라."

경석이 이에 세 아우로 더불어 별실에 들어가서 서로 위로하여 그 원한을 풀기로 하고 그대로 아뢰니, 가라사대 "그러면 뜰 밑에 짚을 펴고 청수 한 동이를 길어놓고 그 청수를 향하여 너의 부친을 대한 듯이 마음 돌렸음을 고백하라." 경석이 그대로 하여 사 형제가 설움에 복받쳐서 청수동이 앞에서 크게 우니, 상제님 일러 가라사대 "너의 부친이 너무 슬피 울음을 오히려 불쾌히 여기니, 그만 그치라." 하시니라. 그 뒤에 '천고춘추아방궁千古春秋阿房宮 만방일월동작대萬方日月銅雀臺'를 써서 벽에 붙이사, 경석으로 하여금 복응服應케 하시니라.

『대순전경』 pp.113-114

선천 오만 년 만에 새 사람이 나옵니다. 새 시대가 열리면, 그 시대 그 임무를 감당할 수 있는 새 사람이 새 진리를 갖고 나오게 됩니다. 증산상제님이 태을궁의 천지대신문을 열고 태을도를 선포하여 상생의 태을시대를 개막하는 천지공사를 보셨습니다. 천리로 확정된 운수요, 도수로 정해진 운명입니다. 상생의 태을시대를 건설하는 천명을 받들고 태을도를 닦는 태을도인이 출세합니다. 태을도 방방곡곡, 태을도인 방방곡곡, 태을주 방방곡곡입니다.

운수에 맞추어야 성공합니다. 운수에 맞추지 못하면 추풍낙엽처럼 떨어져 사라지고 맙니다. 상극의 금수시대를 마감하고 상생의 태을시대를 앞둔 후천개벽기에, 독기와 살기의 상극인간을 대청소하는 급살병이 발발합니다. 마음심판 천심자선택 태을추수의 급살병입니다. 운수는 좋건마는 목 넘기기가 어렵다고 했습니다. 천지의 운수가 상극판에서 상생판으로 바뀌기 때문에, 상극세상을 살아온 마음과 언행으로는 상생세상을 살아갈 수 없습니다.

인간은 본래 태을도를 닦아 시천주 봉태을 하는 태을도인이었으나, 독기와 살기가 그 길을 막았습니다. 후천개벽기가 되어서야, 증산상제님의 천지공사로 인간의 참모습과 진면목이 드러나게 됩니다. 태을도를 만나 부지런히 마음 닦고 태을주를 읽어 독기와 살기를 풀어 없애, 마음속에 받아 나온 시천과 태을을 밝혀 천주의 품성을 되찾고 태을신성과 생명력을 회복한 시천주 봉태을의 태을도인이라야, 태평천하한 태을세상의 주인공이 될 수 있습니다.

8
천지부모님과 일만이천 시봉자

이 공사를 마치시고 형렬에게 일러 가라사대 "허미수가 중수한 성천 강선루의 일만이천 고물은 녹줄이 붙어 있고 금강산 일만이천 봉은 겁살劫殺이 끼어 있나니, 이제 그 겁살을 벗겨야 하리니 너는 광찬과 도삼을 데리고 돌아가서 조석朝夕으로 청수 한 동이씩을 길어서 스물네 그릇에 나누어 놓고, 밤에는 칠성경七星經 스물한 번씩 읽으며 백지를 한 방촌씩 오려 한 사람이 하루에 모실 시侍 자 사백 자씩 열흘 동안을 써서, 네 벽에 돌려 부치고 나를 기다리라." 하시니, 형렬이 광찬과 도삼을 데리고 구릿골로 돌아와서 명하신 대로 행하니라.

『대순전경』 pp.205-206

신암을 떠나 구릿골에 이르사, 양 한 마리를 잡아 그 피를 손가락으로 찍어서 벽에 돌려 붙인 일만이천 모실 시侍 자 위에 바르시니, 글자 수가 다함에 피도 또한 다한지라. 상제님 가라사대 "그 글자 모양이 아라사 병정과 같다" 하시고, 또 가라사대 "사기沙器는 김제金堤로 옮겨야 하리라." 하시더니 마침 김제 수각水閣 임상옥林相玉이 이르거늘, 그 사기를 주시며 가라사대 "인부를 많이 부릴 때에 쓰라." 하시니라.

『대순전경』 p.210

상극의 금수시대가 마감되고 상생의 태을시대가 열리고 있습니다.

시천주 봉태을의 지심대도술 태을시대에 마음이 관건이요, 시천이 중심이요, 태을이 핵심입니다. 시천주 봉태을의 태을시대가 열리기 위해서는 급살병으로 마음을 심판하여 천심자를 골라 태을을 추수할 수밖에 없습니다. 시천주 봉태을의 태을시대를 앞두고 폭발하는 북사도 전란 남군산 병겁에, 천지부모님의 그늘을 떠나면 죽고, 태을을 떠나면 목숨을 부지하지 못합니다.

 금강산 일만이천 봉의 겁살을 품은 병정도 있지만, 금강산 일만이천 봉의 활기를 지닌 도인도 있습니다. 일만이천의 겁기는 레닌의 일만이천 볼셰비키에 붙어 러시아를 시작으로 중국과 북한을 공산화시켰지만, 일만이천의 활기는 단주의 일만이천 태을도인에게 붙어 북사도 전란과 남군산 병겁에서 전 인류를 구원해냅니다. 천지부모님의 대행자로서 진리의 도자인 단주와 어질 인(仁)자를 가진 일만이천 시봉자 태을도인이 의통성업을 집행합니다.

9
증산신앙의 화룡점정

> 하루는 종도들에게 물어 가라사대 "최수운의 시천주侍天呪는 포교 오십 년 공부가 들어 있고, 김경흔(충청도 비인사람)은 오십 년 공부로 태을주太乙呪를 얻었나니, 같은 오십년 공부에 어느 주문을 취함이 옳으냐." 광찬이 대하여 가로대 "선생의 처분대로 하사이다." 가라사대 "시천주는 이미 행세되었으니 태을주太乙呪를 쓰라." 하시고 읽어주시니 이러하니라. "훔치훔치 태을 천상원군 훔리치야도래 훔리함리 사바하."
>
> 『대순전경』 p.353

지금은 태을로 원시반본하는 후천개벽기입니다. 천하창생들이 태을도에 입도하여, 마음속에 받아 나온 시천 태을을 밝혀 천주의 품성을 되찾고 태을신성과 생명력을 회복한 시천주 봉태을의 태을도인으로 재생신되어, 태을로 원시반본해야 합니다. 태을도는 원시반본의 도요, 태을도인은 원시반본의 사람이요, 태을주는 원시반본의 주문입니다. 인간은 태을에서 화생되어 나와 신계와 인계를 윤회환생하다가, 후천개벽기에 태을로 되돌아가는 원시반본의 과정을 되풀이합니다.

태을세상이 열리는 후천개벽기에는 상극인간을 대청소하는 급살병이 필발합니다. 마음에 먹줄을 잡혀 상생의 태을세상을 열어갈 마음종자를 추립니다. 마음을 심판하여 천심자를 골라 태을을 추수하는 급살병에 마음이 관건이요, 시천이 중심이요, 태을이 핵심입니다. 급살병에서 살아남아 태을세상으로 넘어가려면, 마음속에 받아 나온 시천 태을을 밝혀야 합니다. 누구나 천심을 회복하면 증산상제님의 손가락이 가리킨 진리의 달을 볼 수 있습니다. 마음속에 떠 있는 진리의 달, 태을입니다.

인간은 본래 태을도를 닦아 시천주 봉태을 하는 태을도인이었습니다. 독기와 살기가 그 길을 막았습니다. 태을도를 만나 마음 닦고 태을주를 읽어 독기와 살기를 풀어 없애면, 시천주 봉태을 하는 태을도인으로 재생신될 수 있습니다. 증산상제님께서는 "지금은 태을도인으로 포태되는 아동의 운수이니, 태을도를 받드는 태을도인이 되는 그날이 그 사람의 후천인생에서 한 살이 되느니라."고 말씀하셨습니다. 태을도인으로 재생신되는 후천개벽기에, 운수는 좋건마는 목 넘기기가 어렵습니다.

증산신앙의 두 기둥은 시천주 봉태을입니다. 천주가 증산상제임을 알아야 하고, 진리와 생명의 뿌리가 태을임을 알아야 합니다. 태을의 위격이 태을 천상원군입니다. 증산상제만 알고 태을 천상원군을 제대로 모르면, 절름발이 증산신앙입니다. 증산상제님은 수운에게 시천주의 천명을 내렸으나 대도의 참빛을 밝히지 못하자, 시천주의 당사자로 강세하여 단주에게 태을주 천명을 내려 태을도를 밝히도록 하셨습니다. 시천주 봉태을이 단주에 의해서 완성됩니다. 증산신앙의 화룡점정이 태을입니다.

10
시천주 속육임, 심통공부 심통제자

하루는 공우에게 "마음으로 속육임을 정하라" 하시거늘, 공우 마음으로 육임을 생각하여 정할 새 한 사람을 생각하니 문득 "불가하다" 하시거늘, 이에 다른 사람으로 바꾸어 정하였더니 이날 저녁에 이 여섯 사람을 부르사, 하여금 밤중에 등불을 끄고 방 안에서 돌아다니면서 시천주侍天呪를 읽게 하시니 문득 한 사람이 꺼꾸러지거늘, 여러 사람이 놀래어 읽기를 그치니 가라사대 "놀래지 말고 계속하여 읽으라" 하신지라. 다시 계속하여 한 식경을 지낸 뒤에 읽기를 그치고 불을 밝히니 손병욱이 꺼꾸러져 죽었는지라. 가라사대 "병욱에게 손병희의 기운을 붙여 보았더니 이기지 못한다" 하시며 물을 머금어서 얼굴에 뿜으시니 병욱이 겨우 정신을 돌리거늘, 불러 가라사대 "나를 부르라" 하시니 병욱이 목안 소리로 겨우 상제님을 부르니 곧 기운이 회복되는지라. 이에 일러 가라사대 "시천주侍天呪에 큰 기운이 박혀 있도다." 또 가라사대 "너를 그대로 두었다면 밭두둑 사이에 엎드려져서 우마에게 밟힌 바가 되었으리라." 또 가라사대 "이 뒤에 괴이한 병이 온 세계를 엄습하여 몸 돌이킬 틈이 없이 이와 같이 죽일 때가 있으리니, 그 위급한 때에 나를 부르라." 하시니라. 속육임을 정할 때 불가하다고 말씀하던 사람은 수일 후에 죽으니라.

『대순전경』 pp.244-245

"천부지天不知 인부지人不知 신부지神不知 하니
내 일은 되어놓고 보아야 아느니라.
선천으로부터 지금까지는 금수대도술이요
지금으로부터 후천은 지심대도술이니라.
마음 닦는 공부이니 심통공부心通工夫 에서 하소.
제가 저의 심통도 못 하고서 무엇을 한다는가."

『선도신정경』 pp.215-216

　마음이 천하만사를 주관합니다. 천지부모님과 이심전심되어야 천지부모님의 뜻을 온전히 받들 수 있습니다. 천지부모님의 마음이 내 마음이 되고 내 마음이 천지부모님의 마음이 되어야, 시천주 속육임을 감당하여 급살병에 생사판단을 준비할 수 있습니다. 마음 닦는 심통공부를 제대로 하여 천지부모님의 마음과 완전히 소통된 심통제자라야, 급살병에 대비하여 시천주 속육임으로서 봉태을의 태을맥을 이어 태을주 수꾸지를 돌릴 수 있습니다. 시천주 속육임은 심통공부 심통제자입니다.

　마음심판·천심자선택·태을추수의 급살병입니다. 상생의 태을시대를 여는 급살병에, 천지부모님의 마음맥이 이어지는 줄기가 있고 태을 천상원군의 태을맥이 이어지는 통로가 있습니다. 시천주 속육임·태을주 수꾸지 의통천명입니다. 마음이 관건이고, 시천이 중심이고, 태을이 핵심입니다. 마음을 주재하여 태을을 용사하는 천지부모님이십니다. 급살병의 운수에 태을도 의통성업의 때를 맞아, 시천주 속육임·심통공부 심통제자인 태을도인이 되어야 합니다. 오늘도 마음 닦고 태을주 읽기입니다.

11
상씨름꾼의 자격

어느 날 공사를 보시며 가라사대 "상씨름할 사람은 술 고기 많이 먹고 콩밭太田에서 잠을 자며 판을 넘겨다보는 법이니라. 콩밭太田은 태을주太乙呪 판이고 태을주는 구축병마주驅逐病魔呪이니, 태을주를 많이 읽으라." 하시니라.

정영규의 『천지개벽경』 p.147

증산상제님 말씀하시기를 "후천선경이 멀리 있는 것이 아니요, 마음 닦기가 급하느니라. 후천을 기다리는 마음이 지극하면 마음 닦기에 신실하고, 후천을 기다리는 마음이 시들하면 마음 닦기에 소홀하느니라."

이중성, 『천지개벽경』 p.221

천지공사로 확정한 천지도수 따라 급살병이 다가옵니다. 증산상제님이 공사 보시고 고수부님이 감리하시고 단주가 성사재인합니다. 독기와 살기로 가득 찼던 상극의 세월이 지나가고, 생기와 화기로 가득 채울 상생의 세월이 도래하고 있습니다. 마음을 심판하여 천삼자를 골라 태을을 추수하는 급살병입니다. 군산 개복에서 처음 발발하여 한반도를 49일, 전 세계를 3년 동안 진탕합니다. 급살병이 시작되면 천하창생을 구할 태을도 속육임 상씨름꾼이 나옵니다. 도제천하 의통성업의 핵심세력이 태을도 속육임 상씨름꾼입니다.

병이 있으면 약이 있는 법입니다. 천지가 인간을 완전히 죽이는 법은 없다고 했습니다. 상극세상을 마감하려면, 상극세상을 만들어낸 독기와 살기를 걷어 없애는 급살병이 반드시 발생합니다. 급살병의 운수에 천하창생을 구해내는 태을도가 나왔습니다. 태을도는 재생신의 도요, 재탄생의 도입니다. 태을도는 생명의 도요, 구원의 도입니다. 증산상제님께서는 "지금은 태을도인으로 포태되는 아동의 운수이니, 태을도를 받드는 태을도인이 되는 그날이 그 사람의 후천인생에서 한 살이 되느니라."고 말씀하셨습니다. 태을도인이 된다는 것은 후천인간이 된다는 것입니다.

운수가 바뀌면 운수에 맞춰야 살아남습니다. 운수는 좋건마는 목 넘기기가 어렵다고 했습니다. 지금은 천하창생들이 태을도의 생명줄을 꼭 잡고, 마음 닦고 태을주를 읽어 독기와 살기를 풀어 없애, 천심을 되찾고 태을을 포태하여 인간 본래의 참모습인 시천주 봉태을 하는 태을도인으로 재생신 재탄생하여, 후천상생의 태을궁으로 원시반본해야 하는 후천개벽기요, 원시반본기입니다. 태을도를 만나 시천주 봉태을 하는 태을도인으로서의 인간의 참모습과 진면목을 밝히고 찾아야, 인간성숙을 이루고 인간완성을 할 수 있습니다.

급살병을 앞두고, 천지부모님의 마음맥이 이어지는 시천주 속육임을 결성하여 태을 천상원군의 태을맥이 흐르는 태을주 수꾸지를 돌려야 합니다. 급살병이 다가오면 천하 방방곡곡에 태을주 읽는 소리가 넘쳐난다고 했습니다. 시천주 속육임·태을주 수꾸지 의통천명입니다. 급살병이 다가오면 천하창생을 구할 태을도 상씨름꾼 나오라고 난리를 칠 것입니다. 지금은 도제천하 의통성업을 집행할 태을도 상씨름꾼을 양성하고 준비해야 할 천재일우의 시간입니다. 태을도를 포교해온 증산종단이요, 태을도를 닦아온 증산신앙인입니다. 태을도는 증산종단의 최종결론이요, 태을도인은 증산신앙인의 최종열매입니다.

마음이 관건이고, 시천이 중심이고, 태을이 핵심입니다. 천지부모님께서는 태을도를 통해 태을궁의 마음문만을 열어놓고 천하창생들의 마음만을 살펴보고 계십니다. 우리는 모두 마음속에 시천 태을을 받아 나왔습니다. 선천 상극지리에 오염된 독기와 살기를 풀어 없애 천주의 품성을 온전히 되찾고, 태을신성과 생명력을 완전히 회복해야 영혼이 영생합니다. 독기와 살기가 천심을 타락시키고 태을을 고갈시켜 태을맥을 떨어지게 했습니다. 급살병이 돌 때 천심이 타락하고 태을이 고갈되어 태을맥이 떨어지면, 영혼은 영원히 흩어집니다. 독기와 살기의 상극인간을 대청소하여 태을을 회수하여 영혼을 영원히 흩어버리는 급살병이기에, 급살병에서의 죽음은 영원한 죽음입니다.

하늘에서는 태을궁 태을도 지심대도술의 상생시대 태을시대를 열어갈 천심자를 찾고 있습니다. 내 마음이 나를 죽이고, 내 마음이 나를 살립니다. 내 마음이 생사줄이요, 목숨줄입니다. 선천 오만 년 만에 처음 있는 마음심판의 생사판단입니다. 나에게 집중하고 마음에 초점을 맞춰 행실을 상생체질로 변화시켜, 악을 선으로 갚고 원수를 은인으로 돌리는 진리의 사랑을 실천해야 합니다. 후천 상생시대 태을시대를 앞두고, 마음 닦고 태을주를 읽어 마음속에 깊이 뿌리내린 독기와 살기를 풀어 없애, 천지부모님의 마음과 마음씀을 닮은 상생인간 상생도인 태을인간 태을도인이 되어야 급살병에서 살아남습니다.

천명이 내리면 신명이 발동하고, 신명이 발동하면 인간이 움직입니다. 하루빨리 천지부모님의 마음을 정확히 읽고 천명을 받들어 신인합일로 급살병에 대비해야 합니다. 태을도에서는 천지부모님의 의통천명을 받들어, 작년 동지부터 시천주 속육임을 결성하여 태을주 수꾸지를 본격적으로 돌리고 있습니다. 태을도 속육임은 천지부모님의 의통천명을 받드는 의통구호대 육임군입니다. 마음이 천지부모님과 잇닿으면, 급살병에서 죽어나갈 천하창생들 생각에 조금도 가만있질 못합니다. 천지부모님의 마음을 모르니까 참으로 한가한 것입니다. 천지부모님과 이심전심되어 태을성령이 충만한 천심자가 태을도 속육임 상씨름꾼입니다.

12
남북통일의 도, 남북통일의 주역

상제님 가라사대 "이제 혼란키 짝이 없는 말대의 천지를 뜯어고쳐 새 세상을 열고, 비겁否劫에 빠진 인간과 신명을 널리 건져 각기 안정을 누리게 하리니, 이것이 곧 천지개벽이라. 옛일을 이음도 아니요, 세운世運에 매여있는 일도 아니요, 오직 내가 처음 짓는 일이라. 비比컨대 부모가 모은 재산이라도 항상 얻어쓰려면 쓸 때마다 얼굴을 쳐다봄과 같이, 쓰러져가는 집을 그대로 살리면 무너질 염려가 있음과 같이, 남이 지은 것과 낡은 것을 그대로 쓰려면 불안과 위구가 따라드나니, 그러므로 새 배포를 꾸미는 것이 옳으니라."

『대순전경』 p.297

선천 상극시대가 마감되고 후천 상생시대가 열립니다. 상생시대를 알리는 신호탄이 급살병입니다. 군산 개복에서 급살병이 터집니다. 마음심판의 급살병입니다. 마음에 먹줄을 잡혀 상생의 마음종자를 추려 후천 상생시대를 엽니다. 급살병으로 남북이 통일됩니다. 금강산의 살기가 낳은 북한정권은 정리되고, 대한민국 내 종북 좌파의 뿌리가 뽑힙니다. 자본주의의 왜곡된 부와 권력과 명예에 취해 타락한 명리주의자도 정리됩니다. 인간의 존엄성과 신령스러움을 부정하고 이끗을 좇아 독기와 살기로 행세해온 상극인간은 대청소됩니다.

남북통일은 세계통일이요, 우주통일입니다. 남북통일은 인간통일이요, 신명통일입니다. 세계가 일가가 되고 삼계가 일통이 됩니다. 상극의 삼팔선이 상생의 삼팔선으로 바뀝니다. 남조선 대한민국을 중심으로 상생후천의 인존의 통일시대가 열립니다. 남북통일은 태을도 도제천하의 길이요, 태을도 의통천하의 길입니다. 세운과 교운의 중심에 태을도가 있습니다. 태을도는 남북통일의 도요, 태을도인은 남북통일의 주역입니다. 급살병 발발에 태을도 의통입니다. 태을도 의통천명을 받들어 태을주 수꾸지를 돌려야 합니다.

태을도에 살 길이 있습니다. 태을도는 상생의 길이요, 생명의 길입니다. 태을주는 상생의 주문이요, 생명의 주문입니다. 태을도인은 살고 창생은 죽는다고 했습니다. 태을도를 받드는 태을도인이 되는 그날이 후천의 생일날입니다. 태을은 생명의 원형이요, 영혼의 뿌리입니다. 태을은 명줄이요, 혼줄입니다. 누구나 마음속에 시천侍天 태을太乙을 받아 태어났습니다. 지금은 태을도를 만나 천지부모님을 모시고 태을도인으로 결실하여 태을궁으로 원시반본하는 후천개벽기입니다.

마음을 심판하여 천주의 도자를 추수하고 태을을 결실하는 급살병입니다. 천주의 성품이 타락하여 태을이 고갈되고 태을맥이 떨어지면 죽습니다. 독기와 살기가 천주의 성품을 잃어버리게 하고 태을의 발현을 막아 태을맥을 떨어지게 합니다. 태을도를 만나 마음 닦고 태을주를 읽어 독기와 살기를 풀어 없애, 마음속의 시천 태을을 밝혀 천주의 성품을 되찾고 태을을 밝혀 태을맥을 이어야 살 수 있습니다. 인간의 존엄성과 신령스러움의 근원이 시천 태을입니다. 지금은 태을도를 만나 천지부모님의 가르침을 받아, 천주의 품성을 회복하고 태을을 밝혀 인간의 존엄성과 신령스러움을 되찾을 때입니다.

13
진리의 불빛, 진리의 도향

> 어느 날 경석에게 가라사대 "너희들은 임시방편으로 융화하는 척하지 마라. 방편으로 융화함은 무장하고 전쟁을 쉬는 것과 같으니라. 모두를 사랑으로써 동물의 성정을 뛰어넘지 못한다면 참된 진리의 사랑이 아니니라. 사랑이라 하는 것은 고된 것이니, 가족을 사랑함에도 그 많은 괴로움을 참아야 되고, 천하를 사랑함에 있어서도 그 많은 괴로움을 참은 연후에 선명히 신기로운 진리가 드러나느니라." 하시었다 하니라.
>
> 정영규, 『천지개벽경』 p.280

천지부모님의 도자들은 동정어묵動靜語默에 마음을 집중하여 온몸으로 자신의 모든 것을 증명해야 합니다. 진리에 목숨을 걸고 생사를 초월하여, 말을 하고 글을 쓰고 몸을 움직여야 합니다. 진리에 목숨 건 언행은, 생사를 초월했기에 평범하지만 결기가 살아있고, 진리로 죽음을 각오했기에 따뜻하지만 심금을 울립니다. 생유어사生有於死 사유어생死有於生입니다. 내가 살려면 진리로 죽어야 합니다.

말은 마음의 소리요, 행사는 마음의 자취입니다. 진리에 목숨을 건 언행은 이승과 저승을 잇는 내 존재의 증명이요, 진리로 죽음을 각오한 언행은 찰나와 영생을 아우르는 내 실체의 불태움입니다. 말로 마음을 불사르고, 행실로 마음을 불지릅니다. 마음을 불사르고 언행을 불태우는 현장이 내가 추구하는 진리의 현장입니다. 세상사람들은 내 언행의 불꽃을 실시간으로 보고 있습니다.

진리의 깨침은 내 시간과 공간의 깨침이요, 진리의 각성은 내 존재와 실체의 각성입니다. 상극을 상생으로 돌리는 천하사에는, 생사를 넘어서는 결단이 필요하고 죽음을 각오한 용기가 필요합니다. 나에게 주어진 절대적인 시간은 한도가 있고, 나에게 배당된 절대적인 공간은 범위가 있습니다. 천하사에 생사의 판단이 섰으면 나태하지 말고, 죽음을 각오했으면 주저하지 말아야 합니다.

오늘도 내 마음의 불꽃은 내 말과 글과 행실로 불타오르고, 그 불빛은 세상을 비춥니다. 그 불빛이 십 리를 비추는 불빛일 수 있고, 천하를 비추는 불빛일 수 있습니다. 천지부모님의 가르침을 체화한 내 진리의 불빛을 보고 세상사람들이 반응합니다. 생사를 초월하는 진리의 언행이라야 진리의 감동을 전하는 도향이 있습니다. 내 말과 글과 행실에 담긴 진리의 도향은 얼마인가요.

14
인중태을人中太乙의 새 진리 새 인간

증산상제님께서 말씀하시기를 "나의 도문하에 혈심자 한 사람만 있으면 내 일은 이루어지느니라." 증산상제님께서 이르시기를 "세상사람들이 나의 도문하에 '태을도인들이 나왔다'고 말들을 하면 태평천하한 세상이 되리라." 이어서 말씀하시기를 "지금은 태을도인으로 포태되는 운수이니 아동지세이니라. 그러므로 치성을 모실 때에는 관복을 벗고 헌배하라. 때가 되어 관을 쓰고 치성을 모시면 천하태평한 세상이 되리라. 나의 도문하에 태을도를 받드는 태을도인이 되는 그 날이 그 사람에게 후천의 생일날이 되어 한 살이 되느니라."

이중성, 『천지개벽경』 p.195

 태을도를 닦는 시천주 봉태을의 태을도인이, 태을도가를 이루어 태을도국을 건설하고 태을세계를 만들어갑니다. 태을궁 태을시대에 태을도인 태을도가요, 태을도국 태을세계입니다. 성의정심 수신제가 치국평천하입니다. 태을도를 만나 마음 닦고 태을주를 읽어 독기와 살기를 풀어 없애, 마음속에 받아 나온 시천 태을을 밝혀 천주의 품성을 되찾고 태을신성과 태을생명력을 회복하여, 개인을 바로 세우고 가정을 바로 세우고 나라를 바로 세우고 세계를 바로 세우는 것입니다.

 천지만물이 도를 받아 탄생하여 성장하고 열매 맺어 추수되는 게 천지이치입니다. 도는 잉태의 길이요, 성장의 길이요, 완성의 길이요, 추수의 길입니다. 지금은 천하창생이 태을도를 만나 태을도인으로 재생신되어 태을궁으로 원시반본하는 후천개벽기입니다. 태을로 포태胞胎 양생養生 욕대浴帶되어 관왕冠旺을 이루어야 합니다. 태을도인으로 포태되는 아동의 운수에, 태을도를 받들어 태을도인이 되는 그날이 그 사람의 후천인생에서 한 살이 됩니다.

태을궁이 열리고 있습니다. 삼계의 태을이 깨어나고 있습니다. 인인태을人人太乙이요, 가가태을家家太乙이요, 국국태을國國太乙이요, 계계태을界界太乙입니다. 천계·지계·인계·신계가 태을로 일맥되고, 태을로 일통되고 있습니다. 태을일맥 태을일통의 신천지요, 태을일맥 태을일통의 신세계가 펼쳐지고 있습니다. 태을일맥 태을일통의 신과 인간이 태을로 소통하고 교류합니다. 인중태을人中太乙의 새 진리 태을도에, 새 인간 태을도인입니다.

급살병이 도래합니다. 독기와 살기가 태을의 발현을 막아왔고 태을맥을 떨어지게 했습니다. 마음을 심판하여 천심자를 골라 태을을 추수합니다. 마음이 관건이요, 시천이 중심이요, 태을이 핵심입니다. 천지부모님의 마음과 이심전심되어야 하고, 천지부모님의 마음씀을 닮아야 하고, 천지부모님의 태을 깨침을 배워야 합니다. 태을도를 만나 인중태을의 심중의 직통길을 따라 나의 참모습과 진면목을 찾아 태을도인으로 완성되지 못하면, 급살병에 걸려 추풍낙엽이 되고 맙니다.

태을궁의 마음종자를 추리는 급살병이요, 태을궁의 태을종자를 추리는 급살병입니다. 운수에 맞추지 못하면 내종內腫을 이룬다고 했습니다. 태을궁 태을시대에 태을을 깨친 천지부모님을 따라, 태을을 깨쳐 태을사람이 되어야 하고, 태을가정를 이루어야 하고, 태을나라를 만들어야 하고, 태을세상을 건설해야 합니다. 태을궁 태을세상에 태을도를 만나 태을을 깨치지 못하면, 사람 노릇을 하지 못하고 사람 대접을 받지 못합니다. 부지런히 마음 닦고 태을주를 읽어 독기와 살기를 풀어 없애야 하겠습니다.

15
천하동란의 난세가 태을도인을 부른다

"대저 사람이 아무것도 모르는 것이 편할지라. 오는 일을 아는 자는 창생의 일을 생각할 때 비통을 이기지 못하리로다. 이제 천하창생이 진멸지경에 박도하였는데, 조금도 깨닫지 못하고 이곳에만 몰두하니 어찌 애석치 아니하리오."

『대순전경』 p.314

'가빈사현처家貧思賢妻 국난사양상國難思良相'이라고 했습니다. 사기史記에 나오는 말인데, 가정이 궁핍하면 어진 아내를 생각하게 하고, 나라가 어지러우면 어진 재상을 생각하게 한다는 말입니다. 사가私家에서나 국가國家에서나 위기가 찾아와 중심이 흔들리면 중심을 잡아주는 사람을 찾게 됩니다. 경제파탄으로 흔들리는 가정에 현명한 부인이 들어와 제 자리를 잡아야 가정 살림이 펴지고 가족이 안정되듯이, 국정농단으로 혼란스런 국가에 어진 재상이 들어와 제 자리를 잡아야 국정이 안정되고 국민이 편안해집니다.

선천 상극세상은 상극지리에 따른 독기와 살기가 만들어낸 탐음진치의 무한이끗 경쟁장이 되었습니다. 독기와 살기가 스며든 말과 글과 행실이 탐음진치를 부추겨, 악을 악으로 대하고 돌을 돌로 치는 온갖 권모와 술수, 음모와 배신, 투쟁과 복수의 악순환으로, 가정과 사회 국가 세계의 곳곳에 척과 살을 쌓아왔습니다. 사사건건 서로가 서로를 향하는 척과 살이 섞이고 뭉쳐서 맞부딪히고 충돌하면서, 대혼란과 대참사를 만들어내고 있습니다.

상극의 사람이 욕심이 지나치면, 온갖 상극의 방법을 동원하여 상극의 중심에 서려고 아등바등하게 됩니다. 상극의 변두리에서 상극의 중심에 다가가려 할수록 기상천외한 위장과 위선과 사술이 기승을 부리게 됩니다. 마침내 상극의 중심에 서게 되면, 더욱더 상극의 방패막을 쳐 견고한 상극의 성을 만들게 됩니다. 상극의 방법으로 만들어낸 중심이기에, 중심세력들 사이에서는 중심을 독차지하려는 주도권 싸움이 시작되어 암투와 비방과 폭로의 권력투쟁이 시작되고, 상극의 중심에서 밀려난 사람들은 상극의 방법으로 밀려났기에 타협 없는 미움과 증오와 원망과 분노에 휩싸여 또 다른 복수와 탈환을 시도합니다.

상극의 방법으로 세운 중심은, 결국 내부세력의 주도권 싸움과 외부세력의 재탈취 투쟁으로 중심이 흔들려 무너지게 됩니다. 무너진 상극의 중심은 또 다른 상극의 중심을 만들어내고, 그렇게 재민혁세를 초래하는 웅패적 술수로 혁명적 상황이 반복되다 보면, 결국 국정은 문란해지고 가정은 피폐해져 백성들에게 재앙만 남기게 됩니다. 상극세상을 풍미해온 인간의 독기와 살기가 완전히 거둬지지 않으면, 상극의 중심을 세우고 무너뜨리는 권력투쟁이 교체세력의 모습만 바꿔 무한반복으로 이어집니다.

상극지리에 따른 상극세상이 계속되면, 상극의 중심을 독차지하려는 아귀다툼으로 마침내 급살병을 불러와, 전 인류는 진멸지경에 처하게 됩니다. 선천 문명을 주도해온 유불선서도가 상극세상에서 상생의 방법으로 상생의 중심을 세워보고자 숱한 노력을 했지만, 천지운수가 상극인 데다가 생명과 진리의 근본자리를 몰랐고 가르침이 후대에 내려올수록 타락했기에, 방법의 한계를 절감할 수밖에 없었습니다. 유불선서도는 상극세상이 만들어낸 급살병의 문턱에서 주저앉게 됩니다. 결국은 천지의 운수가 상생으로 바뀌고 상생의 중심이 나와야, 상극세상을 최종적으로 마감하는 급살병을 극복하고 상생세상을 건설할 수 있습니다.

이마두 신부가 유불선서도의 신성 불 보살들을 데리고 하늘에 하소연하여 증산상제님이 인간세상에 내려오셨습니다. 증산상제님께서는 태을도를 깨친 태을도인으로서, 태을화권을 갖고 태을궁의 천지대신문을 열고, 천지운수를 상생으로 돌려놓으시고 상생의 중심에 시천 태을이 있음을 가르쳐 주시어, 천하창생들이 태을도를 통해 천지부모님을 모시고 마음 닦고 태을주를 읽어 독기와 살기를 풀어 없애 자신의 마음속에 깃든 시천 태을을 밝혀 천주의 품성을 되찾고 태을신성과 생명력을 회복한 태을도인으로서, 인인시천 인인태을人人侍天 人人太乙, 가가시천 가가태을家家侍天 家家太乙, 국국시천 국국태을國國侍天 國國太乙, 세세시천 세세태을世世侍天 世世太乙의 시천주 봉태을 하는 상생세상 태을세상을 건설해 갈 수 있도록, 천지공사를 보셨습니다.

상생의 중심에 천지 부모님과 태을 천상원군이 있습니다. 천지부모님은 유무형을 초월한 성령의 태양인 태을 천상원군의 태을 화권을 갖고, 시천 일맥으로 심법을 전수하시고 태을 일맥으로 삼계를 통일하여, 태을 용사로 신인합일하는 지심대도술로 천지인 삼계를 다스려 나가십니다. 지금은 천하창생들이 태을도를 만나 태을도인으로 재생신되어, 천지부모님의 마음과 마음씀을 본받아 진리의 사랑을 실천하여 급살병을 극복하고, 태을로 원시반본하는 상생운수 따라 태을로 돌아가는 후천개벽기요, 원시반본기입니다. 지금은 태을도를 만나 시천주 봉태을 하는 태을도인으로서의 자기중심을 찾아, 인간 본래의 진면목과 참모습을 갖추고 상생의 자기중심을 확고히 하고, 태을신성을 깨쳐 인간완성을 이룬 인존신人尊神으로서 인존시대를 열어가는 때입니다.

상생운수가 무르익으면서 도처에서 상극의 중심이 무너지고 상생의 중심이 드러나고 있습니다. 기존 증산종단도 예외가 아닙니다. 상극의 중심을 확보하기 위한 독기와 살기가 극성을 부리는 후천개벽기에, 개인과 가정과 국가와 천하에 천지부모님을 따라 상생의 중심인 시천 태을을 세워 수신제가치국평천하로 안심안신 열풍뇌우불미시키는 태을도인을 부르고 있습니다. 선천 오만 년 동안 상극의 중심에 매달렸던 독기와 살기의 상극인간을 대청소하는 급살병이 점점 가까이 다가오고 있습니다. 비상한 때에는 비상한 인물이 나와 비상한 계획을 갖고, 개인과 가정, 국가와 천하를 근본적으로 안심안신시키는 근원적인 처방을 해야 합니다. 천하가 도탄에 빠지면 도로써 구하는 법입니다. 천하창생의 마음을 상생으로 고쳐 마음속의 시천 태을을 밝혀 통일하는 의통醫統이 나왔습니다. 천지부모님께서 세상을 구할 태을도 의통천명을 내렸는데도 우물쭈물하다가는 천재일우의 기회가 다 날아갑니다. 태을도 의통천명을 알았으면 움직여야 합니다. 알고도 움직이지 않으면 천지부모님과 사랑하는 가족과 이웃들에게 큰 죄를 짓는 것입니다.

　운수는 좋건마는 목 넘기기가 어렵다고 했습니다. 마음이 관건이요, 시천이 중심이요, 태을이 핵심입니다. 마음을 심판하여 천심자를 골라 태을을 추수하는 급살병입니다. 증산상제님께서는 "지금은 태을도인으로 포태되는 아동의 운수이니, 태을도를 받드는 태을도인이 되는 그날이 그 사람의 후천인생에서 한 살이 되느니라."고 말씀하셨습니다. 태을도는 상생대도요, 태을도인은 상생인간입니다. 이제는 임시적인 상극의 중심을 찾지 말고 항구적인 상생의 중심을 찾아야 합니다. 이제는 땜질식의 상극의 방법을 구하지 말고 영구적인 상생의 방법을 모색해야 합니다. 상극세상을 마감하고 상생세상을 여는 급살병의 운수에, 하루빨리 태을도를 만나 태을도인으로 재생신되어, 상생의 중심에 서서 상생의 언행을 실천하여 상생세상을 건설해야 합니다. 상극의 중심이 무너지고 흔들리는 천하동란의 난세가 태을도인을 부르고 있습니다.

4장
태을도 방방곡곡
태을주 방방곡곡

무신(1908)년 봄에 구릿골 약방에 만국의원萬國醫院을 개설하시고 여러 종도들에게 가라사대 "한 방소의 병만을 막아도 아니 될 것이오 사해의 병을 다 고쳐야 하며, 한때의 병만을 막아도 아니 될 것이오 만세의 병을 다 고쳐야 하리니, 이로써 만국의원을 개설함이라." 하시더라.

정영규, 『천지개벽경』 p.328

1
태을이 명줄이다

"천지만물이 한울을 떠나면 명이 떠나는 것이니 태을太乙을 떠나서 어찌 살기를 바랄 수 있으리오. 태을주太乙呪는 곧 약이니, 이 약을 먹지 않고는 살지 못하리라."

정영규, 『천지개벽경』 p.147

　북사도 전란과 남군산 병겁이 눈앞에 다가왔습니다. 인간의 독기와 살기가 불러온 대전란이요, 급살병입니다. 상극세상의 결론이 지구의 핵인 한반도 남북에서 터지는 북사도 전란과 남군산 병겁입니다. 기독교 현대문명의 빛과 그림자인 자유민주주의와 공산전체주의가 한반도 남북으로 유입돼, 미중패권과 남북대결의 극한점에서 북사도 전란과 남군산 병겁으로 폭발합니다.

　인간의 독기와 살기가 만들어낸 척과 살로 인해 발생하는 대전란과 급살병으로 진멸지경에 처한 인류를 살리기 위해, 유불선서도의 교조들은 사력을 다해 노력해왔습니다. 예수는 참회하라 천국이 가까웠다고 했고, 석가는 본성을 깨달아 자비를 실천하라고 했고, 공자는 극기복례하여 어진 사람이 되라고 했고, 노자는 욕심을 버리고 무위자연의 삶을 살라고 했습니다.

대전란과 급살병이 발발하는 후천개벽기에는 유불선서도의 가르침이 한계에 봉착합니다. 상극의 운수를 상생의 운수로 돌려놓고 진리와 생명의 뿌리를 밝혀내지 않으면, 유불선서도의 가르침은 무용지물이 됩니다. 대전란과 급살병이 대발하는 칠흑 같은 어둠에서는 횃불 든 사람을 따라가야 합니다. 증산상제님은 상극운수를 상생운수로 돌려놓으시고, 진리와 생명의 뿌리가 태을임을 밝혀주셨습니다.

　지금은 태을로 원시반본하는 후천개벽기입니다. 인간은 태을에서 화생되어 신계와 인계를 윤회환생하다가 태을로 돌아가는 원시반본의 과정을 되풀이합니다. 상극지리가 지배하는 선천 상극세상에서는 독기와 살기로 인해 태을이 발현되지 못하여 태을맥이 떨어졌습니다. 상생의 태을세상이 열리는 후천개벽기에 태을을 밝혀 태을맥을 잇지 못하면, 급살병으로 영육이 영원히 소멸합니다.

　누구나 마음속에 시천 태을을 받아 태어났습니다. 인간은 본래 태을도를 닦아 시천주 봉태을 하는 태을도인이었습니다. 증산상제님께서는 인간세상에 오시어 태을도를 깨친 최초의 태을도인으로서, 태을화권을 가지고 태을궁의 천지대신문을 열고 태을도를 내시어, 천하창생들에게 태을주를 읽혀 태을도인으로 재생신시켜, 급살병을 극복하고 태을세상으로 넘어가게 하셨습니다. 태을이 명줄입니다.

2
태을씨앗 태을열매

> 하루는 증산상제님께서 말씀하시기를 "내 세상에서는 '태을주太乙呪'가 천지에서 가장 지존한 것이요, 만세에 걸쳐 영원히 읽어야 할 것이요, 동리마다 모두 송주할 것이요, 학교마다 모두 읽어 천하가 다 송주하게 되리라."
>
> 이중성, 『천지개벽경』 pp.434-435

태을세상이 열리고 있습니다. 영성의 사람에게는 영성으로 열리고, 이성의 사람에게는 이성으로 열리고, 감성의 사람에게는 감성으로 열리고 있습니다. 영성과 이성과 감성의 출발이 태을이요, 영성과 이성과 감성의 귀결이 태을입니다. 인간은 태을에서 화생되어 나와 태을로 돌아가는 원시반본의 과정을 되풀이합니다. 태을세상은 인간의 영성과 이성과 감성이 꽃피는 지심대도술세상입니다.

태을세상을 앞두고 급살병이 발발합니다. 마음을 심판하여 천심자를 골라 태을을 추수합니다. 인간의 독기와 살기가 불러온 대전란과 더불어 급살병이 닥칩니다. 이마두 신부가 주도한 기독교 현대문명이 인간의 교만과 폭력성을 길러, 한반도에서 북중패권 경쟁으로 북사도 전란과 남군산 병겁으로 마감됩니다. 이마두가 설계한 지상천국이 전 인류 멸망이라는 대재앙을 불러왔습니다.

천하가 도탄에 빠지면 도로써 구해내는 법입니다. 증산상제님이 진멸지경에 박도한 천하창생을 구해달라는 아마두의 하소연을 듣고 인간 세상에 오셨습니다. 증산상제님께서는 상극운수를 상생운수로 돌려 천지환경을 상생으로 정비해 놓으시고 도제천하할 태을도를 전해주셨으나, 인간의 마음은 인간 스스로 바꿀 수밖에 없습니다. 마음이 관건인 것입니다.

지금은 태을도인으로 재생신되는 아동의 운수로서, 태을도를 받들어 태을도인이 되는 그날이 후천의 생일날입니다. 인간은 본래 태을도를 닦아 시천주 봉태을 하는 태을도인이었습니다. 독기와 살기가 그 길을 막았습니다. 태을도를 만나 마음 닦고 태을주를 읽어 독기와 살기를 풀어 없애야, 독기와 살기로 잠들어 있던 태을씨앗을 발아시켜 태을열매를 추수하는 태을도인이 될 수 있습니다.

3
현대문명의 종말과 태을문명의 개막

> 또 하루는 태을주를 읽으시고 종도들에게 가라사대 "나무가 땅에다 뿌리를 박지 않으면 하늘이 우로雨露를 내린들 그 나무가 어찌 기름지게 자라며, 그 어미의 젖을 마다하고 먹지 아니하면 그 자식이 어찌 삶을 구하리." 하시었다 전하니라.
>
> 정영규, 『천지개벽경』 pp.147-148

태을시대가 도래합니다. 태을진리가 퍼집니다. 태을문명이 나옵니다. 태을인간이 나오고 태을가정이 나오고, 태을국가가 건설되어 태을천하가 됩니다. 태을도 태을문명에서 나온 기독교 현대문명이지만, 인간의 독기와 살기로 교만과 폭력성을 기르고 신도를 무시하여, 신벌을 받아 참혹히 멸망합니다. 태을로 원시반본하는 후천개벽기에, 현대문명이 태을문명으로 원시반본합니다.

이마두가 주도한 금수대도술의 기독교 현대문명이 북사도 전란과 남군산 병겁으로 종말을 고하고, 단주가 주도하는 지심대도술의 태을도 태을문명으로 대도약합니다. 천지부모님이 모사재천하시고 단주가 성사재인하는 태을도 대시국 건방설도의 대장정입니다. 개인과 가정과 국가와 천하에 태을푯대가 세워졌습니다. 태을도 방방곡곡, 태을도인 방방곡곡, 태을주 방방곡곡입니다.

4
기독문명의 참화, 태을도가 막는다

하루는 제자가 증산상제님을 모시고 있더니, 증산상제님께서 말씀하시기를 "내가 하늘도 뜯어고치고 땅도 뜯어고쳐 후천을 열고, 천지의 운로를 바로잡아 만물을 새롭게 하고, 나라를 세우고 도를 펴서 억조창생의 세상을 널리 구하려 하노라. 이제 천지도수를 물샐틈없이 짜 놓았으니, 도수 돌아 닿는 대로 새로운 기틀이 열리리라. 너희들은 지성으로 나를 잘 믿고 천지공정에 참여하여, 천하의 정세를 잘 살피고 돌아가는 기틀을 보아 일을 도모하라." 증산상제님께서 이르시기를 "이윤이 오십 살에 사십구 년 동안의 그름을 깨닫고 탕임금을 도와 마침내 대업을 이루었나니, 나는 이제 그 도수를 썼노라. 구 년 동안 행한 천지개벽공사를 이제 천지에 질정하리니, 너희들은 이것을 통해 믿음을 더욱 돈독히 하고 두텁게 하라. 천지는 말이 없으니, 천동과 지진으로 대신 말을 하노라." 대선생께서 "포교 오십 년 종필布敎五十年終筆"이라 칙령을 써서 불사르시니, 즉시에 천동과 지진이 크게 일어나니라.

이중성, 『천지개벽경』 pp.638-639

대한민국은 미국이 보호하는 기독입국 근대문명의 세례를 받아, 세계 10위권의 상등국이 되었습니다. 이승만의 건국혁명과 박정희의 부국혁명으로, 대한민국 70년 만에 이마두 신부가 주도한 기독교 지상천국의 모형에 다가섰습니다. 대한민국은 이마두 신부가 역사하여 만들어낸 기독교 근대문명의 화려한 꽃이요, 열매입니다. 그러나 근대문명의 빛과 더불어 근대문명의 그림자인 공산주의가, 소련의 지령으로 김일성을 통해 북쪽에 자리 잡아 자유민주 대한민국을 위협하고 있습니다.

공산주의는 기독교의 사생아입니다. 기독교 근대문명의 빛과 그림자가 한반도 남북을 경계로 한 미중대결의 형태로 마지막 격돌을 하고 있습니다. 그 결과가 북사도 전란과 남군산 병겁입니다. 증산상제님께서는 '기독교 근대문명 자체가 물질과 사리에만 정통하여, 인간의 교만과 잔포를 길러내어 자연을 정복하는 기세로써 모든 죄악을 거리낌 없이 범하고 신명을 박대하니, 삼계를 혼란케 하고 신도의 권위를 떨어뜨려 천도와 인사가 도수를 어기므로, 결코 성공할 수 없다.'고 말씀하셨습니다.

천하가 도탄에 빠지면 도로써 구해내는 법입니다. 이마두 신부는 천국의 문명을 본떠 기독교 근대문명으로 지상천국을 건설하려고 하였으나 기독교 근대문명의 한계성으로 인해 인류가 전멸하는 대참화를 당하게 되자, 증산상제님께 하소연하였습니다. 증산상제님께서는 '서양을 믿는 사람은 이롭지 못하다.'고 말씀하셨습니다. 근대문명의 빛인 자유민주주의도, 근대문명의 그림자인 공산전체주의도, 인간의 폭력성을 제거하지 못해 대전란과 급살병으로 귀결되고 맙니다.

한반도에서 기독교세력과 공산당세력이 마지막 결투를 벌이고 있습니다. 인간의 독기와 살기를 풀어 없애지 않고 분노와 증오로 맞대결하는 그 끝은 파멸입니다. 한반도는 선천 상극세상을 마감하고 후천 상생세상을 여는 마지막 전쟁터요, 최초의 병겁터입니다. 북사도 전란과 남군산 병겁을 앞두고 2016년, 태을도가 기독교를 접수하고 대시국이 대한민국을 접수했습니다. 이제부터 태을도 속의 기독교요, 대시국 속의 대한민국입니다. 기독교 현대문명의 참화를 태을도가 막습니다.

5
원시반본 태을도, 만법귀일 태을도

제자가 여쭙기를 "수운이 '우리 동방 삼 년 괴질 그 누가 막을 것인가'라고 하고, '십이제국 괴질운수 누가 능히 막을 것인가'라고 하나니 과연 그러하나이까." 대선생께서 이르시기를 "거의 대강을 들어서 말하였나니, 천하가 다 그러하느니라. 토정이 '병란도 아니고 굶주림도 아닌데 쌓인 시체가 길에 넘쳐난다'라고 말하지 아니하였느냐. 또한 토정이 '병病으로 만 명이 죽으면 기근으로 천 명이 죽고 병란兵亂으로 백 명이 죽는다'고 이르지 않았느냐. 때가 되면 죽음이 홍수 밀리듯 할 것이니라. 누워 일어날 여유도 없고 국 떠 마실 시간도 없으리니, 의통醫統을 배워두라." 제자가 여쭙기를 "불가에 미륵불이 출세한다는 말이 있고, 서도에 예수가 부활한다는 말이 있고, 동학에 수운이 갱생한다는 말이 있으니, 과연 그러하나이까." 대선생께서 이르시기를 "죽은 사람은 다시 살아나지 못하느니라. 그런고로 한 사람이 오면 천하중생이 다 자기선생이라 하여 따를 것이니라." 제자가 여쭙기를 "세상에 돌아다니는 말에 '천주가 세상에 강림하사 선악을 심판한다'라고 하나니, 과연 그러하나이까." 대선생께서 말씀하시기를 "인존세상에는 상제上帝가 인간세상에 내려와 선악을 심판하나니라. 천존과 지존보다 인존이 더욱 중요하나니, 지금은 인존시대이니라."

이중성, 『천지개벽경』 pp.52-53

삼신三神은 일신一神이요, 조화성신造化聖神입니다. 삼신三神은 원신元神이며, 태을 천상원군太乙 天上元君입니다. 삼신은 유무형을 초월한 지존 지령한 성령입니다. 천지만물의 명줄이 삼신三神 태을太乙에 달려 있습니다. 증산상제님께서 삼신三神의 실체가 태을太乙임을 밝혀주시며, 그 위격을 '하늘 으뜸가는 임금天上元君'이라고 처음으로 밝혀, '태을 천상원군太乙 天上元君'으로 명명해주셨습니다. 태을주는 삼신인 태을 천상원군과 하나 되는 주문입니다.

삼신이 태을궁에 거합니다. 조화·교화·치화의 삼신조화가 태을궁에서 나옵니다. 삼신조화가 태을조화입니다. 태을 천상원군의 태을조화요, 삼신조화입니다. 후천은 마음에 태을조화가 붙는 태을궁의 지심대도술 시대입니다. 태을궁은 마음의 자궁이요, 생명의 자궁이요, 조화의 자궁입니다. 삼신은 태을궁에 성령으로 존재하는 태을 천상원군입니다. 태을 천상원군은 조화·교화·치화의 삼신조화로 생명을 잉태하고 길러내고 추수하여 갈무리하는 것입니다. 태을 천상원군의 태을조화 삼신조화가 열리는 후천개벽기입니다. 지금은 천하창생들이 태을도를 만나 태을궁으로 원시반본하는 후천개벽기입니다.

증산상제님은 삼신상제님이며 태을상제님입니다. 삼신과 하나 된 상제님이요, 태을과 하나 된 상제님입니다. 증산상제님은 삼신의 도, 즉 태을 천상원군의 도를 깨치셨기에, 삼신의 권능 즉 태을 천상원군의 화권을 가지고 태을도로 삼계를 주재합니다. 증산상제님은 상제上帝이자 도제道帝이십니다. 증산상제님은 태을도를 깨쳐 태을신권과 태을도권을 가진 최초의 태을도인입니다. 신교의 뿌리가 태을 천상원군입니다. 신교神敎와 신도神道가 곧 태을도太乙道입니다. 증산상제님께서 태을도를 깨쳐 태을궁의 천지대신문을 열고, 태을 천상원군의 도인 태을도를 밝혀주셨습니다. 태을도는 원시반본의 도입니다. 태을도는 만법귀일의 도입니다. 태을도는 천하만세를 이어갈 유일대도입니다.

태을궁에 천지부모이신 증산상제님과 고수부님이 계십니다. 천지부모님은 태을도를 깨쳐 태을 천상원군의 성령과 하나 되어, 태을 천상원군의 화권을 받으셨습니다. 증산상제님께서 삼신의 가르침이 태을도임을 밝혀주셨습니다. 고수부님께서 태을도의 씨를 뿌리셨습니다. 아홉 명의 제자들에게 태을도를 전하시며, 천하창생을 태을도인으로 포태시키는 인간사업을 부탁하셨습니다. 천지부모님께서는 단주를 내세워, 원시반본의 도인 태을도로써 인류역사의 뿌리를 바로잡고 천지를 개벽하여 인간과 신명을 구하십니다.

태을궁의 삼신조화 태을조화로 급살병이 발발합니다. 태을궁에서 내리는 급살병입니다. 마음종자를 추리는 급살병입니다. 독기와 살기의 인간을 모두 정리합니다. 선천 상극세상이 마감되고 후천 상생세상이 열립니다. 급살병이 돌고 나면 태을궁의 마음세상이 도래합니다. 태을상생의 인존세상이 열립니다. 마음 닦고 태을주를 읽어 독기와 살기를 풀어 없애야 합니다. 태을도로 진귀차도하는 산하대운입니다. 태을도로 도제창생하는 의통성업입니다. 지금은 태을도를 만나 태을도인으로 포태 재생신되는 후천개벽기입니다. 태을도인이 되는 그날이 후천의 생일날입니다.

6
남조선사람 태을도인

> 종도들에게 일러 가라사대 "시속에 남조선 사람이라 이르나니, 이는 남은 조선사람이란 말이다. 동서 각 교파에게 빼앗기고 남은 못난 사람에게 길운이 있음을 이르는 말이니, 그들을 잘 가르치라." 하시니라.
>
> 『대순전경』 p.121

　증산상제님은 상놈을 양반 만드는 천지공사를 보셨습니다. 독기와 살기로 쌓아 올린 권력과 재산과 명예가 고귀한 인격을 만드는 것이 아닙니다. 오히려 척과 살을 만들어 급살병 운수에 자작사당으로 갈 뿐입니다. 상생의 태을세상은 소외되고 억압받는 사람 없이, 모든 사람이 천지부모님을 모시는 태을도인이 되어 사람대접받는 인존세상입니다. 천지부모님이 천지공사 보시고 단주가 성사재인하는 천지도수 따라, 상극의 금수세상이 마감되고 상생의 태을세상이 열리고 있습니다.

　상극세상에서는 상생의 천심자가 소외되고 억압받는 경우가 많았습니다. 인간은 누구나 마음속에 시천 태을을 받아 태어나 태을도를 닦아 시천주 봉태을 하는 태을도인이었습니다. 독기와 살기가 그 길을 막았습니다. 태을도를 만나 마음 닦고 태을주를 읽어 독기와 살기를 풀어 없애 마음속의 시천 태을을 밝히면, 천주의 품성을 되찾고 태을신성과 생명력을 회복하여 시천주 봉태을 하는 태을도인이 될 수 있습니다. 천심을 가진 남조선 사람 태을도인이 상등사람입니다.

7
강증산과 태을주

> 증산상제님께서 말씀하시기를 "태을주太乙呪이니라. 병이 다가오면 천하사람들이 모두 이 주문을 읽어 생명을 구하느니라. 때가 되면 천하 방방곡곡에서 태을주 읽는 소리가 들리리라."
>
> 이중성, 『천지개벽경』 p.189

 천지도수 따라 시천주 봉태을의 태을시대가 열리고 있습니다. 인간은 본래 태을도를 닦아 시천주 봉태을 하는 태을도인이었습니다. 독기와 살기가 그 길을 막았습니다. 생기와 화기가 솟아나는 후천개벽기가 되어서야, 구세주이신 하느님이 인간세상에 와서, 태을도를 밝혀 천하창생들이 태을도인으로 재생신될 수 있는 길을 열어주십니다. 증산상제님은 인류가 그토록 기다려온 하느님이자 구세주이십니다.

 지금은 천하창생들이 태을도를 받아, 인간 본래의 참모습인 시천주 봉태을하는 태을도인으로 재생신되어 태을로 원시반본하는 후천개벽기입니다. 후천개벽기에는 반드시 독기와 살기의 상극인간을 대청소하는 급살병이 대전란과 더불어 발발합니다. 태을도에 입도하여 부지런히 마음 닦고 태을주를 읽어 독기와 살기를 풀어 없애 시천주 봉태을하는 태을도인으로 재생신되어야, 병란병란의 문턱을 무사히 넘어갈 수 있습니다.

한반도는 지구의 혈자리입니다. 선천 오만 년 동안 쌓여 내려온 인간의 독기와 살기의 적폐가 한반도로 집결되어 대전란과 대병겁으로 폭발합니다. 북사도 전란과 남군산 병겁입니다. 북사도 전란과 남군산 병겁은 상생의 태을세상이 열리기 위한 전 지구의 정화과정이요, 전 인류의 재생과정입니다. 한반도에서부터 상극의 금수세상이 마감되고 상생의 태을세상이 열립니다. 태을도 방방곡곡, 태을도인 방방곡곡, 태을주 방방곡곡입니다.

8
태을주 의통주

김경학에게 가라사대 "장차 오는 세상은 태을주太乙呪로써 사람을 많이 건지리라." 하시더니, 상제께서 화천하신 후 종도들이 흩어져 어찌할 바를 모르고 헤매다가, 경학은 훌륭한 선생을 찾아서 사방으로 돌아다니다 경술(1910)년 2월에 집으로 돌아오니, 자기의 노모가 급병으로 사망하여 모든 상구를 준비하느라 경황이 없거늘, 하도 망극하여 외쳐 울며 "내가 만고에 없는 대신인을 따르다가 노모의 임종에 종신도 못 하게 되었음을 내 어찌 일찍이 생각인들 했으리요." 하며 대성통곡하다가, 아무런 생각 없이 전에 하던 습관대로 상제께 빌기를 "선생이시여, 제자의 화액을 끌러 주사이다." 하며 우연히 태을주太乙呪를 외우게 되었더라. 염습을 해놓은 노모가 꾸물거리며 살아나거늘, 이로써 생각해보니 "태을주로 세상사람을 많이 건지리라." 하시던 말씀이 생각나고 자기에게 신의의 화권을 주심이라 생각하니 자신이 생겨, 원근의 병자를 찾아다니며 오직 태을주로써 병을 고쳐주니, 경학을 세상에서 신의라 부르더라.

정영규, 『천지개벽경』 pp.212-214

지운이 통일되는 중심자리가 있습니다. 그 중심자리가 한반도입니다. 한반도로 전 세계의 지맥이 통일됩니다. 한반도에 인류 최후의 천하동변인 북사도 전란과 남군산 병겁이 동시에 몰아닥치고 있습니다.

인간의 독기와 살기가 불러온 병란병란입니다. 독기와 살기가 묻은 인간의 이성을 극대화하여 발전시킨 기독교 현대문명의 빛과 그림자인 자유민주주의와 공산전체주의가 한반도에 유입되어 분단국가를 이룬 지 70년을 지나면서, 한반도 이익을 둘러싼 미중패권과 남북대결의 극한점에서 북사도 전란과 남군산 병겁으로 폭발합니다.

 지금은 상극의 금수시대를 마감하고 상생의 태을시대가 열리는 후천개벽기입니다. 태을시대를 앞두고, 마음을 심판하여 천심자를 골라 태을을 추수하는 급살병이 발생합니다. 하늘이 무너져도 솟아날 구멍은 있다고 했습니다. 천하가 도탄에 빠지면 도로써 구해내는 법입니다. 그 도가 태을도요, 그 도인이 태을도인이요, 그 법방이 태을주입니다. 증산상제님께서는 100여 년 전에 천지공사를 보시어, 급살병으로 죽어가는 사람을 살려서 통일하는 의통醫統을 전해주셨습니다. 태을도는 의통도요, 태을도인은 의통도인이요, 태을주는 의통주문입니다.

9
도제천하의 유일한 길, 강증산과 태을도

"나는 대동세계를 건설하여 천하의 산하대운을 통일화합시켜 하나로 귀결시켰느니라. 내 세상에는 지역의 구분이 없어지고, 인종의 차별이 없고, 언어가 다르지 않고, 문자가 통일되고, 습속이 어긋나지 아니하여, 서로 강권이나 폭력으로 다툼이 없어서 오직 상생의 즐거움만 넘쳐나리라."

이중성, 『천지개벽경』 pp.262-263

백성이 도탄에 빠지면 도道로써 세상을 구한다고 했습니다. 도는 생명의 길입니다. 상극으로 살아온 선천의 삶이 끝나고, 상생으로 살아가야 할 후천의 삶이 시작되었습니다. 상극의 삶이 만들어낸 척과 살이 급살병이 되어 천하창생을 도탄에 빠뜨리게 됩니다.

증산상제님께서는 태을궁太乙宮의 천지대신문을 열고, 태을도太乙道를 통해 급살병에 빠진 천하창생을 건지도록 하셨습니다. 도제천하道濟天下의 유일한 길은, 강증산 상제님이 밝혀주신 태을도太乙道입니다. 증산상제님께서는 '한울을 떠나면 명이 떠나는 것이니 태을太乙을 떠나서 어찌 살기를 바랄 수 있으리오. 태을주는 곧 약이니, 이 약을 먹지 않고는 살지 못하리라'고 말씀하시며, '지금은 태을도인太乙道人으로 포태되는 운수'라고 밝혀주시고 '태을도인이 되는 그날이 그 사람에게 후천의 생일날이 된다'고 일러주셨습니다.

　태을太乙에 천하창생들의 명줄이 달려 있기에, 태을도太乙道를 만나야 하고, 태을도인太乙道人이 되어야 하고, 태을주太乙呪를 읽어야 합니다. 고수부님께서는 바둑판을 치며 단주丹朱기운을 취해 태을주로 천하창생의 죄를 건지는 신정공사를 보시고, "이 뒤에 병겁을 당하면 태을주를 많이 읽어 천하창생을 많이 살려라. 태을주의 '훔치훔치'는 천지신명에게 살려달라고 하는 소리니라."고 말씀하셨습니다.

　'강증산'과 '태을도'가 급살병에 빠진 천하창생을 건지는 도제천하의 유일한 길임을 명심해야 합니다. 도제천하道濟天下의 도道가 태을도太乙道인 것입니다. 지금은 마음을 심판하여 마음의 씨종자를 추리는 급살병의 운수입니다. 태을도를 만나 마음 닦고 태을주를 읽어 독기와 살기를 풀어 없애는 태을도인이라야, 급살병에서 살 수 있습니다. 고수부님께서는 '장차 괴질이 군산 해안가로부터 들어온다. 그 괴질의 기세가 워낙 빨라 약 지어 먹을 틈도 없을 것이요, 풀잎 끝에 이슬이 오히려 더디 떨어진다.'고 일러주시며, '죽는 것은 창생이요 사는 것은 도인이니, 오직 마음을 바르게 갖고 태을주를 잘 읽는 것이 피난하는 길'이라고 말씀하셨습니다.

10
태을도 태을정신 태을도인

하루는 증산상제님께서 동곡에 계시더니, 경원이 태인으로부터 사람을 보내 대신 알리기를 "근간에 정부의 관리가 조사를 극심하게 하여 선생님의 거취를 찾고 있으니 그 기세가 심상치 않습니다." 하니라. 증산상제님께서 들으시고 칙령을 내리시기를 "하늘이 비와 이슬을 박하게 내리면 만방에서 원망이 발하고, 땅이 물과 불을 박하게 하면 만물에 원망이 붙고, 사람이 덕화를 박하게 베풀면 만사에 원망이 생기는 법이니라. 하늘과 땅과 사람의 움직임은 다 마음心에 달렸느니라. 마음이란 귀신이 출입하는 문지도리이며 문호이며 도로이니, 문지도리로 여닫고 문호로 출입하고 도로에 왕래하는 그 신이 선하기도 하고 악하기도 하여, 악한 것을 바로잡고 선한 것을 본받으면 내 마음의 문지도리와 문호와 도로는 천지보다 큰 것이 되리라." 경원이 상제님의 명을 받고 써주신 것을 한 번 읽은 다음에 불사르니, 그 후에 관의 괴롭힘이 없어지니라.

이중성, 『천지개벽경』 pp.471-472

태을궁의 마음세상이 열리고 있습니다. 마음세상이 열리기 위해 독기와 살기의 상극인간이 모두 정리됩니다. 마음을 심판하는 급살병으로 상극인간을 대청소합니다. 상생의 마음으로 용사하는 태을조화의 지심대도술입니다. 후천은 마음 닦고 태을주를 읽어 태을궁의 마음을 얻은 만큼 행세하는 지심대도술의 선경세상입니다. 마음이 관건입니다. 천지부모이신 증산상제님과 고수부님께서는, 태을궁의 도통문을 닫아 놓고 오직 태을도를 통해 마음문만을 열어 마음만 살펴보고 계십니다.

후천개벽기는 도의 실체가 드러나는 진리의 가을철입니다. 천지부모님께서 태을궁의 천지대신문을 열고 삼계를 주재하시는 도의 실체가 태을도입니다. 지금은 태을도를 만나 태을도인으로 포태되는 후천개벽기입니다. 태을도를 받드는 태을도인이 되는 그날이 후천의 생일날이라고 했습니다. 군산 개복에서 시작되는 급살병입니다. 고수부님께서는 창생은 죽고 도인은 산다고 했습니다.

마음의 씨앗이 태을이요, 도의 씨앗이 태을입니다. 마음의 열매가 태을이요, 도의 열매가 태을입니다. 생명의 고갱이가 태을이요, 영혼의 뿌리가 태을입니다. 증산상제님께서는 '태을을 떠나서 어찌 살 수 있겠느냐.'고 반문하시며 '태을주는 곧 약이니, 태을주 약을 먹지 않고는 살지 못한다.'고 말씀하셨습니다.

증산상제님께서는 태을도에 입도하는 자에게 태을주를 전해주셨습니다. 태을궁은 마음의 자궁이요, 도의 자궁입니다. 태을도를 통해 마음의 원형을 찾을 수 있고, 도의 원형을 찾을 수 있습니다. 생명의 고갱이를 확인할 수 있고, 영혼의 뿌리를 찾을 수 있습니다. 태을도를 통해 태을궁으로 들어가는 마음의 문을 열 수 있고, 도의 문을 열 수 있습니다.

급살병의 운수에 반드시 태을도를 만나, 태을주를 받아 읽어야 합니다. 태을주는 마음속에 깃든 독기와 살기를 풀어 없애 급살을 막아낼 수 있는 유일무이한 영혼 구원의 주문입니다. 급살병이 돌면, 천하 방방곡곡에서 태을주 읽는 소리가 들리게 됩니다.

마음 닦고 태을주를 읽어 독기와 살기를 풀어 없애지 않고는 목숨을 부지할 수 없습니다. 태을도를 만나, 태을궁의 마음세상을 열어갈 태을궁의 마음종자가 되어야 하고 태을종자가 되어야 합니다. 지금은 태을도를 만나 태을도인으로 포태 재생신되어 태을궁으로 원시반본하는 후천개벽기입니다.

태을도를 통해 태을궁에 계신 천지부모님과 하나 되는 태을정신이 전해지고 있습니다. 마음에 중심을 잃으면 태을정신이 혼미해져, 천지부모님의 품을 벗어나 영혼의 방황이 시작됩니다. 태을도를 만나 태을정신을 성성히 깨친 천지부모님의 도자 태을도인이 되어야 합니다.

11
강증산과 무극대도

> 상제님 형렬에게 일러 가라사대 "이제 말세를 당하여 앞으로 무극대운無極大運이 열리나니, 모든 일에 조심하여 남에게 척을 짓지 말고 죄를 멀리하여, 순결한 마음으로 천지공정에 참여하라. 나는 삼계대권을 주재하여 조화로써 천지를 개조하고 불로장생의 선경을 열어 고해에 빠진 중생을 건지려 하노라." 하시고, 이로부터 형렬의 집에 머무르사 천지공사를 행하실 때, 형렬에게 신안을 열어주어 신명의 회산과 청령을 참관케 하시니라.
>
> 『대순전경』 pp.21-22

증산상제님은 인간세상에 오시어, 삼계의 대권을 갖고 선천 오만 년 만에 처음으로 무극의 문을 열고 무극대도를 밝혀주셨습니다. 무극의 문이 태을문이요, 무극대도가 태을도입니다. 증산상제님은 무극대도인 태을도로 태을일가하는 태을일통 태을세상을 건설하는 천지공사를 보셨습니다. 증산상제님으로부터 천명을 받은 수운 선생은 용담유사에서 "만고 없는 무극대도 이 세상에 날 것이니, 너는 또한 연천해서 억조창생 많은 사람 태평곡 격양가를 불구에 볼 것이니, 이 세상 무극대도 전지무궁 아닐런가. 어화 세상사람들아, 무극지운 닥친 줄을 너희 어찌 알까 보냐."고 노래하고 있습니다.

무극대도 태을도는 증산상제님이 선포하셨고, 고수부님이 9인제자들과 더불어 낙종물을 맡으셨고, 9인제자들은 각기 증산종단을 결성하여 이종물을 맡아왔습니다. 그 이후 증산종단은 여러 분파로 나뉘어 왔지만, 결국 무극대도 태을도를 전해 온 것입니다. 증산종단의 총결론이 태을도요, 증산신앙의 총열매가 태을도인입니다. 이제 단주수명자가 인신출세하여 천지부모님의 천명을 받들어, 태을도를 명실상부하게 드러내어 결실하는 추수물을 맡고 있습니다. 이제 강증산의 손가락을 보지 말고, 손가락이 가리킨 진리의 달을 봐야 합니다. 진리의 달 태을입니다.

지금은 태을로 원시반본하는 후천개벽기입니다. 태을은 진리와 생명의 뿌리입니다. 상극시대는 독기와 살기로 마음이 막힌 유극의 운수가 지배하기에 태을이 드러날 수가 없었습니다. 생기와 화기가 솟아나는 상생시대가 되어야 마음이 통한 무극운수가 열리면서 태을이 드러나게 됩니다. 상생의 무극시대로 진입하는 후천개벽시대에, 삼계의 주재자인 증산상제님의 천지공사와 고수부님의 신정공사와 단주의 성사재인으로 무극대도 태을도가 나오고 태을도인이 출세하여, 태을주를 전하여 급살병을 극복하게 됩니다. 무극대도 태을도를 받드는 태을도인이 되는 그날이 후천의 생일날입니다.

12
강증산과 판밖의 진법

> "속담에 맥脈 떨어지면 죽는다 하였으니 연맥을 잘 바루어라. 대범 판안에 들은 법으로 일을 꾸미려면 세간에 들켜서 저지를 받나니, 그러므로 판밖에 남모르는 판을 꾸며서 법을 가르치게 될 일이니라."
>
> 『동곡비서』 p.58

    태을도는 원시반본의 진리요, 태을도인은 원시반본하는 사람이요, 태을주는 원시반본의 주문입니다. 증산상제님께서는 "지금은 태을도인으로 포태되는 아동의 운수이니, 태을도를 받드는 태을도인이 되는 그 날이 그 사람의 후천인생에서 한 살이 되느니라."고 말씀하셨습니다. 증산종단 100년이 가까워 오면서, 기존 종산종단의 판밖에서 단주수명자가 천명을 받고 출세하여 명실상부한 태을도를 선포했습니다. 증산상제님이 일러주신 판밖의 진법이 태을도요, 판밖의 진인이 태을도인입니다.

    모든 일에는 지소선후가 있습니다. 증산상제님은 '지소선후면 즉근도의'라고 말씀하셨습니다. 증산신앙의 시작과 끝은 태을도입니다. 증산상제님이 밝혀주신 태을도를, 고수부님은 씨를 뿌리는 낙종물을 맡으시고, 9인제자가 이종물을 맡았습니다. 이제 북사도 전란과 남군산 병겁이 임박한 시점에서, 단주가 성사재인하는 태을도 추수물이 시작되

었습니다. 천지부모님의 모사재천과 단주의 성사재인의 태을도 의통성
업입니다. 삼생의 인연과 조상의 음덕이 있는 자는 깨달아 알아들을 것
입니다.

13
태을도인 출세와 태을주 수꾸지

태인 숫구지宿狗地 전쾌문全快文이 공우에게 와서 말하여 가로대 "'시천주侍天呪'를 읽었더니, 하루는 한 노인이 와서 살고 잘될 곳을 가려면 남쪽으로 이십 리를 가라 하므로 찾아왔노라." 공우 쾌문을 데리고 와서 아뢰니, 증산상제님 글 한 장을 써서 쾌문에게 주신지라. 쾌문이 집에 돌아와서 펴보니 곧 '태을주太乙呪'라. 이에 하룻저녁을 읽으니 온 마을 남녀노소가 다 따라 읽는지라. 이튿날 쾌문이 와서 사실을 아뢰니, 가라사대 "숫구지는 곧 수數꾸지라, 장래 일을 수놓아 보았노라. 아직 시기가 이르니 그 기운을 걷으리라." 하시고, 약방 벽에 '기동북이고수氣東北而固守 이서남이교통理西南而交通'이라 쓰시고, 문 밖 반석 위에 물형을 그리고 점을 치신 뒤에, 종이에 '태을주太乙呪'와 '김경흔'을 써서 붙이시고 일어나서 절하시며, 가라사대 "내가 김경흔에게서 받았노라." 하시고, 칼 한 개와 붓 한 자루와 먹 한 개와 부채 한 개를 반석 위에 벌려 놓으시고, 종도들로 하여금 뜻 가는 대로 들라 하시니, 찬명은 칼을 들고 형렬은 부채를 들고 자현은 먹을 들고 한공숙은 붓을 드는지라.

이에 종도들을 약방 네 구석에 갈라 앉히시고, 증산상제님께서 방 한 가운데 서서 "이칠육二七六 구오일九五一 사삼팔四三八"을 한 번 외우신 뒤에, 한 사람으로 하여금 종이를 지화와 같이 끊어서 벼루집 속에 채워 넣은 뒤에, 한 사람으로 하여금 한 조각을 집어내어 "등우"를 부르고 다른 한 사람에게 전하며 그 종이조각을 받은 사람도 또 "등우"를 부르고 다른 한 사람에게 전하며 다른 사람도 그와 같이 받은 뒤에 "청국淸國 지면知面"이라 읽고, 다시 전과 같이하여 "마성"을 부른 뒤에 "일본日本 지면知面"이라 읽고, 또 그와 같이하여 "오한"을 부른 뒤에 "조선朝鮮 지면知面"이라 읽어서, 이십팔장二十八將과 이십사장二十四將을 다 맡기기까지 종잇조각을 집으니, 그 종잇조각 수효가 맞는지라.

쾌문이 집에 돌아갔다가 수일 후에 다시 와서, 그 뒤로는 마을에서 태을주를 읽지 아니한다고 아뢰니라. 태을주를 쓰라고 말씀하시기는 화천하실 무렵이었는데, "태을주를 문 위에 붙이면, 신병神兵이 지나다가 도가道家라 하여 침범하지 아니하고 물러가리라." 하시니라.

『대순전경』 pp.354-356

지금은 무형계과 유형계가 하나로 합일되는 때요, 신명계와 인간계가 하나로 통일되는 때입니다. 천하사를 하는데 무에서 유를 드러내려면, 죽음을 각오해야 합니다. 하늘이 무의 유형화를 허락하지 않으면 안 되기 때문입니다. 천지의 비밀은 누설되어서도 안 되지만, 때가 되어 천지의 비밀이 드러나는 시기가 있습니다.

그때 그 사람이 천지의 비밀을 드러내는 것입니다. 증산상제님은 목숨을 건 수행으로 태을도를 깨치시어, 태을궁의 천지대신문을 열고 천지의 비밀 중의 비밀인 태을을 드러내 태을도를 선포하셨습니다. 증산상제님께서는 "태을도를 받드는 태을도인이 되는 그날이 그 사람의 후천인생에서 한 살이 되느니라."고 말씀하셨습니다.

증산상제님의 천지공사를 감리하신 고수부님께서는 제자들에게 "이제 도인대중은 들으라. 너희들은 오직 일심으로 신봉하라. 내가 너희들의 신세를 그르치지는 않으리라. 오직 증산과 내가 합성하여 심리한 일이니 안심할지니라. 너희들은 복 많은 자이니, 팔 짚고 헤엄치기니라."고 말씀하셨습니다.

천하가 도탄에 빠지면 도로써 구해내는 법입니다. 천지부모이신 증산상제님과 고수부님이 모사재천의 천지공사와 신정공사로 목숨을 걸고 밝혀주신 태을도입니다. 북사도 전란과 남군산 병겁의 시기를 맞이하여, 단주와 태을도인들이 목숨을 걸고 속육임을 정하여 태을도를 전하고 태을도인을 출세시켜 태을주를 읽히고 있습니다.

14
방방곡곡 태을주, 가가시시 태을주

어느 날 공사를 보시며 가라사대 "이후에 병겁이 침입할 때 군산 개복에서 시발하여 폭발처로부터 이레 동안 뱅뱅 돌다가 서북으로 펄쩍 튕기면 급하기 이를 바 없으리라. 이 나라를 49일 동안 싹 쓸고 외국으로 건너가서 전 세계를 3년 동안 쓸어버릴 것이니라."

정영규, 『천지개벽경』 p.327

"시속에 부녀자들이 비위만 거슬리면 급살 맞아 죽으라 이르나니, 이는 급살병을 이름이라. 하루밤 하루낮에 불면불휴하고 짚신 세 켤레씩 떨어치며 죽음을 밟고 넘어 병자를 건지리니, 이렇듯 급박할 때에 나를 믿으라 하여 안 믿을 자가 있으리요. 시장이나 집회 중에 갈지라도 '저 사람들이 나를 믿으면 살고 잘되련만' 하는 생각을 두면, 그 사람들은 모를지라도 덕은 너희들에게 있으리라."

『대순전경』 p.314

- 훔치훔치 태을 천상원군 훔리치야도래 훔리함리 사바하 -

상극운수가 마감되고 상생운수가 열리고 있습니다. 상생세상이 열리는 후천개벽기에 급살병이 발발합니다. 급살병이 점점 가까이 도래하고 있습니다. 군산 개복에서 시작되어 한반도를 49일, 전 세계를 3년 동안 진탕합니다. 마음을 심판하여 독기와 살기로 가득 찬 상극인간을 대청소합니다. 급살병에 태을주입니다. 급살병을 막아내는 유일한 약이 태을주입니다. 태을주를 읽어 독기와 살기를 풀어 없애야 급살병을 모면할 수 있습니다. 태을주 의통입니다. 태을주로 급살병을 극복하고 천하를 통일합니다. 부지런히 태을주를 읽고 태을주를 전해야 합니다.

급살병 운수에 방방곡곡坊坊曲曲 태을주太乙呪요, 가가시시家家市市 태을주太乙呪입니다. 방방곡곡에 태을주 읽는 소리가 넘쳐나야 하고, 집집이 시장시장마다 태을주 읽는 소리가 들려야 합니다. 급살병이 다가오면 방방곡곡 가가시시에 태을주 수꾸지가 터집니다. 증산상제님께서는 "천지만물이 한울을 떠나면 명이 떠나는 것이니, 태을太乙을 떠나서 어찌 살기를 바랄 수 있으리요. 태을주太乙呪는 곧 약이니, 이 약을 먹지 않고는 살지 못하리라."고 일러주시며, "급살병이 다가오면 천하사람들이 모두 태을주를 읽어 생명을 구하느니라. 때가 되면 천하 방방곡곡에서 태을주 읽는 소리가 들리리라."고 말씀하셨습니다.

후천개벽기에 천주이신 증산상제님이 강세하고 태을도가 나왔습니다. 태을이 천하창생의 명줄이요, 혼줄입니다. 태을은 생명의 한울이요, 영혼의 뿌리입니다. 태을이 고갈되고 태을맥이 떨어지면 죽습니다. 상극지리에 오염된 독기와 살기 때문에 태을이 고갈되고 태을맥이 떨어지게 됩니다. 태을도 태을맥입니다. 증산상제님께서는 천하창생들에게 태을도를 전하고 태을주를 읽혀, 독기와 살기를 풀어 없애 마음속의 태을을 밝혀 태을맥을 이어주는 인간사업을 하셨습니다.

증산상제님에 의해 태을도의 생명길이 열렸습니다. 태을도를 통해 태을을 밝히고 태을맥을 이어야 목숨을 부지합니다. 태을을 붙잡아 태을을 부활시켜야 합니다. 태을을 되살려 태을맥을 이어야 합니다. 증산상제님께서는 "맥 떨어지면 죽는다 하나니, 연맥을 잘 바루라."고 신신당부하셨습니다. 태을도 태을연맥이 생명연맥입니다. 지금은 태을도를 만나 태을도인으로 포태재생신되는 후천개벽기입니다. 증산상제님께서는 "지금은 태을도인으로 포태되는 아동의 운수이니, 태을도를 받드는 태을도인이 되는 그날이 그 사람의 후천인생에서 한 살이 되느니라."고 말씀하셨습니다. 태을도를 만나 마음 닦고 태을주를 읽어 독기와 살기를 풀어 없애고 마음속의 태을을 밝혀, 태을신성을 되찾고 태을생명력을 회복해야 합니다.

15
지심대도술의 인연, 태을도

> "선영의 음덕으로 나를 믿게 되나니, 음덕이 있는 자는 들어왔다가 나가려 하면 신명들이 등을 쳐 들이며 '이곳을 벗어나면 죽으리라.' 이르고, 음덕이 없는 자는 설혹 들어왔을지라도 이마를 쳐 내치며 '이곳이 너는 못 있을 곳이라.' 이르나니라."
>
> 『대순전경』 p.346

준비된 사람만이 미래의 주인공이 됩니다. 태을시대가 도래하고 있습니다. 인간계와 신명계의 벽이 사라지는 신인합일시대가 개막되고 있습니다. 시천주 봉태을의 천주일맥 태을일맥의 지심대도술시대가 다가오고 있습니다. 선천 상극시대가 후천 상생시대로 대전환하면서, 마음으로 태을을 용사하여 신인합일하는 지심대도술의 태을시대가 열리는 것입니다. 증산상제님이 신도神道로써 확정하신 천지도수 따라, 태을도 천지공정天地公庭이 진행되고 있습니다.

증산상제님께서는 "운수는 좋건마는 목 넘기기가 어렵다."고 말씀하셨고, 고수부님께서는 "증산과 내가 합심하여 심리한 일이니 안심할지니라."고 말씀하셨습니다. 지금은 천지부모이신 증산상제님과 고수부님을 모시고 태을도를 만나, 태을도인으로 재생신되어 태을로 원시반본하는 후천개벽기입니다. 지심대도술의 인연이기에, 천지부모님과 마음으로 연결되어야 태을도에 입도하여 태을도인이 될 수 있습니다. 마음이 관건 중의 관건입니다.

천하가 도탄에 빠지면 도로써 구해내는 법입니다. 그 도가 태을도입니다. 인류 초유의 대전란과 급살병의 운수에 다다른 지금, 유불선서도의 역할은 끝났습니다. 증산상제님께서는 태을궁의 대신문을 열어, 유불선서도가 시작되고 수렴되는 도의 원형인 태을도를 밝혀주셨습니다. 증산상제님께서는 "지금은 태을도인으로 포태되는 아동의 운수이니, 태을도를 받드는 태을도인이 되는 그날이 그 사람의 후천인생에서 한 살이 되느니라."고 말씀하셨습니다.

5장

재생신
재생신

"나의 말은 약이라. 말로써 사람의 마음을 위안도 하며 말로써 병든 자를 일으키기도 하며 말로써 죄에 걸린 자를 끄르기도 하나니, 이는 나의 말이 곧 약인 까닭이라. 충언忠言이 역이逆耳나 이어행利於行이라 하나니, 나의 말을 잘 믿을지어다."

『대순전경』 p.316

1
재생신과 원시반본

"나는 하늘도 뜯어고치고 땅도 뜯어고치고 사람도 신명神明을 그 뇌중腦中에 출입케 하여 다 고쳐 쓰리라. 그러므로 나는 약하고 병들고 가난하고 천하고 어리석은 자를 가려 쓰리니, 이는 비록 초목이라도 운運을 부치면 쓰임이 되는 연고니라." 상제 가라사대 "후천에는 약한 자가 도움을 얻을 것이며 병든 자가 일어나며 천한 자가 높으며 어리석은 자가 지혜를 얻을 것이요, 강하고 부하고 지혜로운 자는 다 스스로 깎일지니라."

『증산천사공사기』 pp.10-11

증산상제님은 한반도에서 상생의 태을세상을 여는 천지공사를 보셨습니다. '상극에서 상생으로!' 후천개벽기의 재생신 표어입니다. 하늘도 재생신, 땅도 재생신, 인간도 재생신, 신명도 재생신입니다. 마음속에 깊이 깃든 독기와 살기를 풀어 없애 생기와 화기로 돌려야 재생신됩니다. 상생세상이 열리는 후천개벽기에는, 독기와 살기가 만들어낸 최종적인 전란과 병겁이 한반도에서 발생합니다.

한반도는 독기와 살기를 풀어 없애는 대속의 장소입니다. 한반도는 지리적으로나 운명적으로나 지구의 핵이자 중심입니다. 한반도는 선천 상극세상을 마감하고 후천 상생세상을 여는 성지이자 성소입니다. 상극세상을 마감하고 상생세상을 여는 북사도 전란과 남군산 병겁입니다. 독기와 살기가 불러온 전란과 병겁이요, 독기와 살기가 만들어낸 전란과 병겁입니다.

 전 지구적인 상극요소가 한반도로 모여들어 폭발합니다. 후천개벽기는 재생신의 시기요, 원시반본의 시기입니다. 인간은 본래 태을도를 닦아 시천주 봉태을 하는 태을도인이었습니다. 독기와 살기가 그 길을 막았습니다. 지금은 태을도를 만나 마음속에 받아 나온 시천과 태을을 밝혀, 천주의 품성을 되찾고 태을신성과 생명력을 회복한 태을도인으로 재생신되어, 태을로 원시반본해야 하는 후천개벽기입니다. 천하창생을 살려내는 천재일우의 시기에, 태을도에 선택과 집중을 해야 합니다.

2
내가 준비되지 않으면

> 어느 날 종도 한 사람이 무슨 일로 남과 다투고 분해하며 복수하기를 말하니, 들으시고 가라사대 "세상사람들은 말하기를 '돌로써 치면 돌이요, 떡으로 치면 떡이라' 할 것이라. 그러나 너희들은 돌로 치는 자에게 돌로 하지 말고 떡으로써 하라." 하시고, 또 가라사대 "너희들은 말하기를 '세상에 대적할 것도 많고 다스릴 것도 많다' 하나, 이는 곧 너로 말미암아 대적할 것도 많아지고 다스릴 것도 많아짐이라." 하시니라.
>
> 정영규, 『천지개벽경』 pp.290-291

내가 세상의 주인입니다. 모든 사람은 각자가 세상의 주인입니다. 세상의 주인인 우리가 성숙되어 열매 맺어야 세상도 성숙되고 열매 맺는 것입니다. 인간은 천지의 진액이요, 천지의 열매입니다. 천지는 인간을 성숙시켜 열매 맺게 하기 위해, 일월을 교대시키고 사시를 순환시킵니다. 천지의 지극한 정성 속에 인간은 본래의 모습을 찾아 완성되는 것입니다.

지금은 상생시대가 열리는 후천개벽기로서, 천주의 품성을 가지고 태을에서 나온 인간이 천심을 되찾아 태을을 밝혀 태을로 돌아가는 원시반본기입니다. 증산상제님이 후천개벽기이자 원시반본기에 인간세상에 오셔서 후천개벽의 도요, 원시반본의 도인 태을도를 내놓으셨습니다. 인간은 본래 태을도를 닦아 시천주 봉태을 하는 태을도인이었는데, 독기와 살기가 그 길을 막았습니다.

 증산상제님이 천지의 환경을 상극에서 상생으로 돌려놓아, 인간이 상생운수 따라 태을도를 닦는 태을도인의 길을 갈 수 있도록 하셨습니다. 인간이 성숙하여 열매 맺는다는 것은, 태을도를 만나 마음 닦고 태을주를 읽어 독기와 살기를 풀어 없애고 마음속에 받아 나온 시천 태을을 밝혀, 천주의 품성을 되찾아 태을의 신성과 생령력을 회복한 태을도인으로 재생신되는 것입니다.

 천지의 운수가 아무리 상생시대로 바뀌고 시대의 운수가 태을시대로 변하였을지라도, 인간이 스스로 마음을 바꾸지 않으면 성숙하여 열매 맺지 못합니다. 운수는 좋건마는 목 넘기기가 어렵다고 했습니다. 마음이 관건입니다. 상생의 태을시대를 열려면, 마음을 심판하여 천심자를 골라 태을을 추수하여, 후천 오만 년을 이어갈 시천주 봉태을의 마음종자를 고를 수밖에 없습니다.

 나는 또 다른 천지입니다. 천지의 주인인 내가 준비되어야 천지가 성공합니다. 인간성공이 천지성공입니다. 천지부모님은 천지의 농사인 인간을 통해 인존시대를 열어가는 천지역사 인간사업을 하셨습니다. 후천선경이 멀리 있는 것이 아니라, 마음 닦기가 급합니다. 후천을 기다리는 마음이 지극하면 마음 닦기에 신실하고, 후천을 기다리는 마음이 시들하면 마음 닦기에 소홀합니다.

천지부모님이 증산신앙인들에게 알음귀를 열어주고 계십니다. 이제 증산신앙인들이 정신을 차려 과감히 결단을 내려야 합니다. 내 마음이 진법의 인연을 짓기도 하고 난법의 인연을 짓기도 합니다. 지난 100여 년 동안 개벽신앙과 도통신앙의 폐해를 겪을 만큼 겪었습니다. 고수부님께서는 '세상운수 걱정 말고 마음이나 잘 닦으라.'고 신신당부하셨습니다.

이제는 인존시대입니다. 천심자를 중심으로 시간과 공간이 움직입니다. 천심자가 시간을 끌어쓰기도 하고 공간을 당겨쓰기도 합니다. 마음의 눈을 뜨면 천지부모님의 말씀 속에 천지부모님의 마음이 보입니다. 이제는 심법신앙을 해야 합니다. 태을도를 만나 나에게 집중하여 마음 위에 전탑을 세우고, 부지런히 마음 닦고 태을주를 읽어 독기와 살기를 풀어 없애야 급살병을 극복합니다.

3
사랑과 용서의 순간에 깨달음이 찾아온다

"남이 트집을 잡아 싸우려 할지라도 마음을 누켜서 지는 것이 상등사람이라 복이 되는 것이요, 분을 참지 못하고 어울려 싸우는 자는 하등사람이라 신명의 도움을 받지 못하나니, 어찌 잘 되기를 바라리요."

『대순전경』 pp.347-348

깨달음은 생명의 진실이 사랑임을 사무치게 깨쳐 아는 것입니다. 생명의 진실을 깨닫는 출발이자 완성은 생명에 대한 지극한 사랑입니다. 미움과 증오로서는 깨침의 문을 열 수 없습니다. 악을 악으로 갚고, 돌로 치는 자에게 돌로 하는 자는 깨침과는 멀리 떨어진 사람입니다. 깨침의 문은 상극의 문이 아니라 상생의 문입니다. 깨친 사람은 상생의 사람일 수밖에 없습니다. 못된 송아지 엉덩이에 뿔 난다고 했습니다. 사람답지 않은 못된 사람이 살기등등하게 교만을 떨며 행동하는 법입니다. 동물의 성정을 뛰어넘지 못하면 진리의 문이 열리지 않습니다. 생명의 신비에 조금이라도 눈을 뜨면, 생명을 사랑하는 대자대비한 마음을 내지 않을 수 없습니다. 증산상제님께서는 자비의 도량으로 천지 공사를 보셨습니다.

'천지지간天地之間 만물지중萬物之中에 인간人間이 최귀야最貴也'라고 했습니다. 인간은 생명 중에서 천지의 영기가 그대로 담겨 있는 참으로 경이롭고 신비한 존재입니다. 천지의 진액이요 소우주인 인간이 사랑으로 삼계만상의 생령을 품어 안아야, 비로소 천지가 영생하는 상생세상이 열립니다. 인간에게 천지의 수명이 달렸고, 천지생령의 목숨이 달려 있습니다. 후천은 인존시대입니다. 인간이 천지의 주인이 되는 상생시대입니다. 인간이 상극지심을 버리지 못하면 상생의 인존시대가 열리지 않습니다. 인존의 상생시대가 열리기 위해서는 상극인간이 정리되지 않을 수 없습니다. 마음을 심판하는 급살병이 발발하는 이유입니다.

인간이 없으면 천지도 없고, 천지가 없으면 인간도 없습니다. 인간과 천지는 서로에게 생명을 의지하고 있습니다. 선천 상극지리에 오염된 인간의 독기와 살기가 천지를 죽이고 인간을 전멸시키게 됩니다. 천상 태을궁에 계시던 천지부모님이신 증산상제님과 고수부님이 천지를 구하고 인간을 살리기 위해 인간세상에 오셨습니다. 증산상제님께서는 태을궁太乙宮의 천지대신문을 열고 천지공사를 통해, 선천의 상극천지를 후천의 상생천지로 돌려놓으셨습니다. 태을도太乙道를 통해 생명의 진실을 밝혀, 인간의 마음속에 깃든 독기와 살기를 풀어 없애고 사랑을 회복시켜 주는 인간사업을 하셨습니다. 고수부님께서는 증산상제님의 천지공사 도수 따라 태을도의 씨를 뿌려, 상생인간인 태을도인을 포태시키는 첫 출발을 하셨습니다.

태을궁은 생명의 자궁이요, 태을도는 생명의 도입니다. 지금은 태을도인으로 포태되는 후천개벽기입니다. 태을도인이 되어 생명의 진실에 눈을 떠서, 미움과 증오를 접고 사랑과 용서를 실천해야 합니다. 마음 닦고 태을주를 읽어 독기와 살기를 풀어 없애, 생명사랑을 회복해야 합니다. 천지부모님께서는 태을도를 통해 생명의 진실이 사랑임을 깨우치라고 간곡히 말씀하고 계십니다. 사랑의 실천으로 드러나는 신비로운 진리의 세계입니다. 사랑과 용서의 순간에 깨달음이 찾아옵니다. 천지부모님의 가르침을 따라 사랑을 회복해야 합니다.

4
나의 너, 너의 나

> 종도從徒들에게 항상 가라사대 "세상 사람들이 제 자손만 잘되어 부귀하기를 바라나, 이와 같은 자는 세상에서 가장 어리석은 자니라. 우리가 하는 일이 천하창생이 다 부귀하여 잘되게 하자는 것이니, 너희들은 사사로움을 버리도록 하여 공변됨을 먼저 할 것이요, 사사로움을 먼저 하여 공변됨을 뒤로함이 없도록 늘 힘써 천하를 공변되게 하려는 생각을 가져야, 신명의 감화를 받아 일에 성공이 있으리라." 하시니라.
>
> 정영규, 『천지개벽경』 p.275

너는 나의 나이고, 나는 너의 너입니다. 상생은 나의 강을 건너 너에게 가고, 너의 강을 건너 나에게 오는 것입니다. 나는 너에게, 너는 나에게, 서로에게 분신입니다. 나의 너에게, 너의 나에게 생명의 양식이 되어야 하고, 활인의 다리가 되어야 합니다. 나의 너를 이해하고 너의 나를 이해하는 데에는 나름대로의 가슴앓이가 있습니다. 이해타산과 이끗다툼에 부릅뜬 두 눈과 치켜세운 두 귀가 부드러워지고 가라앉아야, 나의 너가 눈에 들어오고, 너의 나가 귀에 들려옵니다.

나의 너에게, 너의 나에게 건너가는 다리를 놓는 사람이 상생의 사람이고, 나와 너의 손길을 막아서고 너와 나의 발길을 잡는 사람은 상극의 사람입니다. 너와 나를 이어주는 사랑의 길을 내기 위해서는 나를 숙이는 용기가 필요하고, 나와 너를 이어가는 용서의 틀을 만들기 위해서는 너를 존경하는 모심의 결단이 필요합니다. 용서한다고 내가 낮아지는 것도 아니고, 존경한다고 내가 내려가는 것도 아닙니다. 나와 너의, 너와 나의, 말길과 손길과 발길을 먼저 내는 사람이 천지부모님의 사람입니다.

오늘도 시간은 흘러갑니다. 내일의 시간은 다가옵니다. 똑같이 주어진 시간이지만, 나의 너가 많아지는 사람이 있고 너의 나가 없어지는 사람이 있습니다. 나의 너는 나의 분신이고, 너의 나는 너의 분신입니다. 알고 보면 나는 너이고, 너는 나입니다. 증산상제님은 고수부님에게 '내가 너 되고 네가 나 되는 일'이라고 말씀하셨습니다. 내가 너 되고 너가 나 되는 일은 쉽고도 어려운 일입니다. 사랑과 용서는 내가 너 되고 너가 나 되는 지름길이요, 존경과 모심은 너가 나 되고 내가 너 되는 직통길입니다.

태을도는 사랑과 용서로 너가 나 되는 길이요, 너가 나 되는 길입니다. 태을도는 존경과 모심으로 내가 너 되는 길이요, 너가 나 되는 길입니다. 사랑과 용서로 내가 너로 향하려면 내가 나를 가르치는 치열한 공부를 해야 되고, 존경과 모심으로 너가 나로 향하려면 너가 너를 성숙시키는 치열한 수행을 해야 합니다. 태을도는 나와 너가, 너와 내가, 사랑과 용서로 하나 되는 무극대도요, 존경과 모심으로 하나 되는 상생대도입니다. 태을도를 통해 내가 너 되고 너가 나 되어 세계일가를 이룹니다.

5
진정한 태을도인이란

어느날 경석에게 가라사대 "너희들은 임시방편으로 융화하는 척 하지 마라. 방편으로 융화함은 무장하고 전쟁을 쉬는 것과 같으니라. 모두를 사랑으로써 동물의 성정을 뛰어넘지 못한다면, 참된 진리의 사랑이 아니니라. 사랑이라 하는 것은 고된 것이니, 가족을 사랑함에도 그 많은 괴로움을 참아야 되고, 천하를 사랑함에 있어서도 그 많은 괴로움을 참은 연후에, 선명히 신기로운 진리가 드러나느니라." 하시었다 하니라.

정영규, 『천지개벽경』 p.280

말 한마디에도 인격이 묻어나고, 행동 하나에도 도격이 풍겨나오는 법입니다. 천지부모님이신 증산상제님과 고수부님을 모시는 사람은, 항상 자신의 말과 행동이 곧 천지부모님의 얼굴이요 모습임을 잊어서는 안 됩니다. 천지부모님을 제대로 모시고 태을도의 길을 가는 사람은, 마음이 근원적으로 정화되어 자연스럽게 말의 인격을 높이고 행동의 도격을 높이게 됩니다.

마음 단속을 잘못하면, 말끝마다 독기가 붙어 나오고 행동마다 살기가 풍겨 나오게 됩니다. 증산상제님께서는 살기가 담긴 언행을 일체 하지 말고, 동물의 성정을 잘 눅여 천하를 사랑하는 마음을 키워가라고 말씀하셨습니다.

　말은 마음의 소리요, 행동은 마음의 자취라고 했습니다. 세계일가의 천하사를 제대로 하려면, 천지부모님의 마음에 비추어 제 자신이 내는 마음의 소리를 들을 줄도 알아야 하고, 제 자신이 행하는 마음의 자취를 볼 줄도 알아야 합니다. 독기 서린 말은 하면 할수록 마음에 독기가 쌓여가고, 살기 담긴 행동은 하면 할수록 마음에 살기가 담기게 됩니다. 제 독에 척이 걸려 제가 넘어지고, 제 살기에 살이 박혀 제가 다치게 됩니다.

　천지부모님을 잘못 믿고 행한 말과 행동은, 믿기 이전보다 더 큰 상극을 짓게 됩니다. 도를 잘못 믿으면 저에게도 독이 되지만, 세상에도 독이 됩니다. 그러기에 마음보가 덜된 사람에게는 도를 전해주지 않고, 심보를 잘못 쓰면 도를 거두어들이는 것입니다. 도를 욕되게 하기 때문입니다. 천지부모님을 모시고 도의 길을 가는 사람에게 있어, 독기와 살기는 천지신장들이 용납하지 않습니다.

　천지부모님을 만나 독기와 살기를 풀어내야, 말투가 고쳐지고 행동거지가 바로 잡혀지게 됩니다. 태을도는 후천을 넘어가는 구원의 놋다리입니다. 독기와 살기를 풀어 없애야 상생이 됩니다. 천지부모님이 내려주신 태을도를 만나 상극인생을 청산하고 상생인생을 살아야 합니다. 상극세상에서 상생세상으로 넘어가기 위해서는, 마음 닦고 태을주를 읽어 살기를 제거하고 독기를 풀어내야 합니다. 이제는 상생입니다. 저절로 이루어지는 상생이 아니라, 목숨을 걸고 독기와 살기를 풀어 없애야 되는 상생입니다.

　독기와 살기가 묻어나는 상극의 심보를 고쳐야 상생이 되고 살길이 열립니다. 마음 고치기가 죽기보다 어렵다고 했지만, 죽기를 각오하면 못 고칠 것도 없습니다. 도란 본래 생사를 거는 것입니다. 상극의 마음이 죽어야 상생의 마음이 살아납니다. 지금은 마음을 심판하는 급살병으로 마음의 씨종자를 고르는 후천개벽기입니다. 마음에 후천 오만 년의 생사줄이 걸려 있습니다. 증산상제님께서는 마음 닦기가 급하다고 일러주시며, 쉬지 말고 마음 닦기를 잘하여 급살병의 병목을 잘 넘기라고 말씀하셨습니다.

　태을궁太乙宮에 계신 천지부모님께서는 천하창생들에게, 마음속 깊이 자리 잡은 독기와 살기를 풀어내어 새 사람으로 재생신되라고 말씀하고 계십니다. 지금은 태을심太乙心에 태을주太乙呪를 실어 마음의 씨종자를 추려서, 지심대도술의 후천선경을 열어가는 후천개벽기입니다. 태을도太乙道를 통해, 천지부모님으로부터 천하를 사랑으로 하나 되게 하는 태을심太乙心과 태을주太乙呪가 전해집니다. 독기와 살기를 풀어 없애야, 천지부모님을 닮은 마음의 씨종자인 정음정양의 태을도인太乙道人으로 재생신될 수 있습니다. 증산상제님께서는 '태을도인이 되는 그날이, 그 사람에게 후천의 생일날'이라고 말씀해 주셨습니다.

　천지부모님에 의해 태을도를 통해 지심대도술로 향하는 마음길이 열렸습니다. 그러나 천지부모님을 만났어도 독기와 살기가 앞길을 가로막아 마음의 눈이 열리지 않으면, 태을도인으로 재생신되기가 어렵습니다. 천지부모님께서는 태을도를 통해 천하창생들에게 상생의 길로 인도하는 구원의 손길을 내밀고 계십니다. 태을도를 만나 천지부모님의 마음이 담긴 말로 인격을 높이고, 천지부모님의 마음이 담긴 행동으로 도격을 높여나가는 사람이 진정한 태을도인입니다.